고대의 경험과 중세의 인식

『삼국사기』 읽기

세창명저산책_052

『삼국사기』 읽기

초판 1쇄 인쇄 2017년 6월 1일
초판 1쇄 발행 2017년 6월 10일
–
지은이 이강래
펴낸이 이방원
기획위원 원당희
편집 홍순용·김명희·이윤석·안효희·강윤경·윤원진
디자인 손경화·전계숙 **마케팅** 최성수
–
펴낸곳 세창미디어

출판신고 2013년 1월 4일 제312-2013-000002호

주소 03735 서울시 서대문구 경기대로 88 냉천빌딩 4층

전화 02-723-8660 팩스 02-720-4579

이메일 edit@sechangpub.co.kr 홈페이지 http://www.sechangpub.co.kr/
–
ISBN 978-89-5586-488-5 03910

이 도서의 국립중앙도서관 출판시도서목록(CIP)은 서지정보유통지원시스템 홈페이지(http://seoji.nl.go.kr)와
국가자료공동목록시스템(http://www.nl.go.kr/kolisnet)에서 이용하실 수 있습니다. CIP제어번호: CIP2017012350

이 책은 2016년도 한국연구재단 대학 인문역량 강화사업(CORE) 지원에 의해 출판되었음.

세창명저산책_052

고대의 경험과 중세의 인식

『삼국사기』 읽기

이강래 지음

세창미디어
MEDIA

머리말

『삼국사기』는, 지금까지 전하는 책으로서는, 우리나라에서 가장 오래전에 편찬된 역사책이다. 오래되었다는 것 자체만으로 그 가치가 엄중해지는 것들이 종종 없지는 않다. 그러나 어떤 형태의 사유와 지식 정보를 다루는 책의 경우는 그렇게 단순하지 않은 것 같다. 물론 모든 책은 만들어지는 당시의 현재를 반영하는 것이므로 오래된 책은 마땅히 오래전의 과거를 간직하고 있다. 다만 어떤 책의 본유적 가치를 가늠하는 데는 그 안에 담긴 내용이 다른 무엇보다도 앞선다고 생각한다.

책은 누군가가 읽을 때 비로소 책으로 완성된다. 읽히지 않는다면 도대체 그것을 책이라고 부를 수 있을까. 『삼국사기』는 이 지점에서 매우 취약하다. 책의 이름이 안내하는 것처럼 『삼국사기』는 신라와 고구려와 백제, 이 세 나라의 역사를 정리한 책이다. 전근대 동양의 역사 편찬 전통에 따라 무미건조하게 엮인 그것은, 심오한 사상이 응축되었거나 난해한 이론이 전문가의 설명을 기다리고 있는 책이 아니다. 그냥 읽으면 될 일이다. 그러므로 문제는 이 책이 읽히지 않는다는 데 있다.

어떤 책이 외면당한다는 것은 물론 독자의 책임이 아니다. 저 신라를 비롯한 삼국의 존속 기간을 합하면 이천 년도 넘는다. 반면에 『삼국사기』의 한글 번역 책은 천 쪽에도 미치지 않는다. 그냥 읽어서야 고대를 한 뼘인들 제대로 음미하기가 어렵다. 우리 역사와 문화의 원천이자 고대의 마당으로 이끄는 가장 강력한 매체라는 말이 반드시 틀린 것은 아니겠지만, 이미 그다지 실감도 설득도 지니지 못한다. 고대사 연구 논문들의 인용서 목록에 무력한 표정으로 안주해 있는 처지이다.

오래전 나도 『삼국사기』의 한 자락으로 첫 논문을 작성했다. 아직 미숙한 입문자의 눈에 『삼국사기』의 정보가 연구자들 사이에서 전혀 다른 의미와 맥락으로 동원되고 재단되는 것이 못마땅했다. 단 한 줄의 정보 안에도 연구자의 방만한 해석에 앞서는 본래의 진의眞意가 스며 있을 것이라고 여겼다. 그러므로 애초에 저와 같은 문자 기록으로 남게 된 정보의 유래를 서둘러 점검한 다음에, 본격적으로 우리 고대사를 연구해야겠다고 다짐했다. 누구라도 할 수 있음 직한 각성이고 전망이었다.

 그로부터 제법 시간이 흘렀다. 『삼국사기』 목판본의 자획들을 교감校勘하고, 가장 적확하면서도 본래의 의취를 온전히 전달할 수 있는 『삼국사기』 한글 번역을 겨냥하고, 『삼국사기』 점검의 논의가 세 권의 책으로 묶이는 동안, 결의는 오히려 느슨해져 갔던 것 같다. 『삼국사기』의 부실함이란 만만함과는 다른 것이었다. 『삼국사기』의 정보 하나하나는 망망한 대양에 흩어져 부유하고 있는 난파선의 무질서한 잔해들과 다르지 않았다. 모든 파편들은 절망적이긴 하나 유력한 단서들이기도 했다.

 여하튼 저와 같은 궁리의 일단을 일반 독자와 나눈다는 것은 내게 매우 낯선 일이다. 이와는 다른 문제이겠지만, 내게는 당연해 보이거나 혹은 경탄할 만한 것들이 독자에게는 변함없이 터무니없거나 진부하거나, 적어도 낯설거나 할 것이라는 짐작도 해본다. 반면에 독자는 어쩌면 자신의 선입견과 편견을 얼마간 인정하지 않으면 안 될지도 모른다. 나 역시 어떤 대목에서 자폐적 타성과 실증벽을 벗어나지 못했다는 아픈 비판을 만날 것이며, 이를 공부의 바탕으로 삼아야 옳겠다.

여느 책과 마찬가지로, 『삼국사기』는 문화적이며 지적인 산물로서 고려 중기 사회의 작품이라고 할 수 있다. 이 점에서 『삼국사기』에는 시대가 반영되어 있으며, 작가가 내재하고 있는 것이다. 이 책의 서두에서 먼저 12세기 고려와 동북아의 현상을 아우른 데 이어 편찬 책임자이자 정부 수반을 역임했던 김부식을 조망하여, 『삼국사기』의 통시적이자 공시적인 맥락을 드러내 보이고자 한 연유가 여기에 있다. 그런 다음에 『삼국사기』의 내용을 크게 세 가지 영역으로 나누어 설명해 보았다.

첫째, 『삼국사기』가 어떤 목적으로, 어떤 자료들을 가지고, 어떤 방식과 과정으로 편찬되어 오늘의 독자에게까지 이어져 왔는가를 이야기하였다. 둘째, 『삼국사기』의 사실 정보들에서 우리는 어떻게 고대인들의 일상 경험과 사유 방식을 만날 수 있을 것인가를 탐색하였다. 셋째, 『삼국사기』의 사론을 통해 중세 지식인들이 고대의 역사를 수용하고 인식하는 가치 기준과 그 당대적 의미를 헤아렸다. 그리고 편찬 직후부터 거듭된 『삼국사기』를 향한 여러 비평의 갈래들을 마지막에 간추려 두었다.

이 짧은 안내서는 『삼국사기』를 읽기 위한 발단일 뿐이다. 이 책을 읽은 독자가 『삼국사기』를 직접 읽어야 할 이유를 찾지 못한다면 나의 의도는 이미 실패한 것이다. 다행히 『삼국사기』를 직면하기로 의욕을 낸 독자에게는 먼저 읽은 이로서 꼭 조언하고 싶은 게 있다. 『삼국사기』에서 만나는 고대인들의 정서와 사유를 존중하자는 것이다. 너무나 온당한 이 제안은 이렇게 바꿔 말할 수도 있다. 고대와 중세의 설명자가 여기고 있는 진실이, 지금 여기의 독자가 믿고 싶은 진실에 우선한다!

하루도 촛불에서 시선을 떼지 못할 즈음에 거친 초고를 출판사에 드리자마자 이곳 튀빙겐Tübingen으로 왔다. 헌법재판소의 심판과 탄핵된 이의 구속과 새 대통령의 선출 등 격랑의 역사 현장을 비켜서 아득한 과거의 문헌에 침잠한다는 일이 새삼 겹기도 했다. 예리하고도 관대하게 원고를 살펴 준 편집진에게 고마운 인사를 드린다. 머리말을 마지막 숙제 삼아 글을 고르다 보니, 봄 동안 원고를 정독하고 다듬어 온 이 동편 연구실 책상 위에도 오월 햇살이 제법 창창해졌음을 발견한다.

2017년 5월, 이강래

| 차 례 |

1. 이 책의 많은 내용은 필자의 저술들 가운데서 간추리거나 발췌한 것
   이지만, 일일이 출처를 밝히지 않았다. 주로 참고한 글들은 다음과
   같다.

   이강래, 『삼국사기 전거론』, 1996, 민족사.
   이강래 옮김, 『삼국사기』 I · II, 1998, 한길사.
   이강래, 「『삼국사기』를 위한 변명」 『눈오는 밤에 듣는 인문학 이야기』,
       2003, 전남대출판부.
   이강래, 『삼국사기 형성론』, 2007, 신서원.
   이강래, 『삼국사기 인식론』, 2011, 일지사.
   이강래, 「경험과 역사」 『한국사연구』 173, 2016.

2. 이 책에서는 역사책의 원문을 인용하는 경우가 많다. 인용문 가운데
   [ ]로 묶은 부분은 분주(分註)를 표시한 것이다. 분주란 직전의 본문
   정보에 대해 붙인 각주와도 같은데, 본래 세로로 된 원본의 본문 한
   행 공간을 둘로 나누어 작은 글자로 작성했기 때문에 보통 분주라고
   부른다. 한편 몇 군데에서는 한글로 옮긴 한자나 한문을 밝히기 위해
   [ ]를 쓴 경우도 있다.

1장
『삼국사기』가 매개하는 것

1. 읽히지 않는 고전

우리나라의 고전을 들어 보라 하면, 많은 사람들은 『삼국사기』와 『삼국유사』를 빠뜨리지 않을 것이다. 그것들은 우선 고려 시대에 편찬된 책들이라 오래되었으며, 다양한 학습과 매체를 통해 익숙해진 이름들이다. 그러나 대개 고전이란 막연히 읽어 봄 직한 책들로 간주되는 한편, 정작 반드시 읽어야 할 현실적 필요가 없거나 스스로 읽고 싶은 생각이 그다지 들지 않는 책들이기도 하다. 게다가 『삼국사기』는 대부분의 사람들에게 『삼국유사』보다도 훨씬 진부하거나 더욱 낯선 책이다.

여하튼 두 책은 삼국, 그러니까 고구려와 백제와 신라를 대상으로 한 책들이므로 서술의 시간과 공간이 서로 중복되어 있다. 편찬 시기로 보면 『삼국사기』가 『삼국유사』보다 140여 년 이상 앞선다. 두 책의 차이를 간단히 비교하여 말하기는 어렵다. 다만 두 책이 같은 대상을 두고 어떻게 달리 기록하였는가를 설명할 때 곧잘 들어지는 사례가 있긴 하다. 신라의 지증마립간에 대한 설명이다. 그가 즉위한 해는, 『삼국사기』에 따를 경우, 서기 500년이다. 먼저 『삼국사기』의 설명을 보자.

지증마립간智證麻立干이 왕위에 오르니, 성은 김씨이고 이름은 지대로智大路이다. [혹은 지도로智度路라고 하며, 지철로智哲老라고도 한다.] 내물왕의 증손자요 습보習寶 갈문왕의 아들이니, 소지왕의 재종 아우이다. 어머니는 김씨 조생鳥生부인으로 눌지왕의 딸이다. 왕비는 박씨 연제延帝부인으로 등흔登欣 이찬의 딸이다. 왕은 체격이 매우 크고 담력이 보통 사람보다 뛰어났다. 전왕이 죽었을 때 아들이 없으므로 왕위를 이으니,

이때 나이가 64세였다. (『삼국사기』 신라본기 4)

『삼국사기』는 삼국의 왕들이 즉위할 때 보통 이러한 식으로 새로운 왕을 설명한다. 즉 왕의 이름, 부계와 모계의 정보, 왕비의 이름과 출신, 그리고 왕위에 오르게 된 배경 등이 간략하게 간추려지는 것이다. 그리고 때때로 해당 왕의 개인적 특징이나 특수한 사건 따위가 여기에 함께 소개되기도 한다. 위에 인용한 지증왕 ―지증마립간의 '마립간'은 '왕'을 이르는 신라의 고유한 용어이므로 지증왕으로 불러도 무방하다.― 의 경우, "체격이 매우 크고 담력이 보통 사람보다 뛰어났다"라고 한 것이 곧 그만의 개성이라고 할 만한 것이다.

만약 읽는 사람이 이 대목에 잠시 눈길을 주고는 "아, 지증왕은 덩치가 크고 배포도 컸나 보다" 정도라도 반추한다면, 그나마 신라의 한 남성에 대한 1500년 후 독자의 배려로는 충분할 것이다. 다시 말해 그저 그렇고 그런 말로 넘겨 버리거나, 그래서 어쨌단 말이냐고 반문한다 해도 지증왕으로서는 어쩔 도리가 없다. 그와 같은 기록만으로는 이

것이 과연 역사적으로 어떤 정보 가치를 지니는 것인지, 아니면 문학적으로 어떤 은유나 복선일 수 있는 것인지, 착안할 단서가 없다는 것이다.

불교를 공인한 이로 유명한 법흥왕法興王은 지증왕의 아들이다. 법흥왕에 대한 설명도 들어 보자.

> 법흥왕이 왕위에 오르니, 이름은 원종原宗이고[『책부원귀冊府元龜』에는 '성이 모募요 이름은 태泰'라고 하였다] 지증왕의 맏아들이다. 어머니는 연제부인이고, 왕비는 박씨 보도保刀부인이다. 왕은 키가 7척이나 되었고, 성품이 너그럽고 후덕하여 사람들을 사랑하였다. (『삼국사기』 신라본기 4)

그러나 『삼국유사』는 이들과는 다를 것이다. 짐작하듯이 『삼국유사』에는 여인의 몸을 얻게 된 곰 이야기, 호랑이 처녀와 나눈 사랑 이야기, 당나귀 귀를 가진 임금 이야기, 고승과 귀족들을 제치고 성불한 계집종의 기적과 여왕을 사랑한 비천한 역졸의 이야기가 웅성대고 있기 때문이다. 그곳은 사람과 동물이 교감하고, 성과 속이 뒤섞이며, 시간과 공간을 넘나들고, 왕과 노비가 평등할 수 있는 열린 마당이다. 지증왕에 대한 『삼국유사』의 설명은 이러하다.

지철로왕의 성은 김씨요, 이름은 지대로 또는 지도로이며, 시호는 지증인데, 시호는 이때부터 시작되었다. 또 우리말에 왕을 마립간이라고 한 것도 이 왕에서 비롯되었다. … 왕의 음경은 길이가 1척 5촌이라 좋은 배필을 얻기 어려워 사자를 3도道에 보내 구하였다. 사자가 모량부牟梁部 동로수冬老樹 아래에 이르러 웬 개 두 마리가 북만 한 똥 덩이의 양쪽 끝을 물고 다투는 것을 보았다. 그 마을 사람들에게 물었더니 한 소녀가 말하기를 "이것은 모량부 상공相公의 따님이 여기서 빨래하다가 숲에 숨어서 눈 것입니다"라고 하였다. 그 집을 찾아 살펴보니 여자 키가 7척 5촌이나 되었다. 이 일을 갖추어 아뢰자, 왕이 수레를 보내 그녀를 궁중에 맞이해서 황후로 삼으니, 여러 신하들이 모두 축하하였다. (『삼국유사』 기이 1)

지증왕은 참으로 곤혹스러웠겠다. 『삼국사기』가 이른바 지증왕의 "체격이 컸다"라고 한 말의 진면목이 비로소 드러났다. 읽는 이로 하여금 지중왕의 개성을 손에 잡힐 듯 생생히 만나게 해 준다. 『삼국유사』의 이 발랄한 민중적 정서와 『삼국사기』의 저 무미한 건조함은 좋은 대비를 이룬다. 『삼국사기』에 다가서기가 쉽지 않을 것임을 예감한다.

물론 '생생함'이 곧 정보 가치와 비례하는 것은 아니다. 반대로 요지부동의 '건조함' 너머에서 고대인들의 정서를 발굴하는 일도 여간 어려운 일이 아니다. 다만 이러한 일들은 역사가들의 숙제로 남겨 두면 된다. 여기서는 권위적이면서도 불친절하기 그지없는 『삼국사기』의 한 대목을 들추어내 『삼국사기』 읽기의 험로에 발을 디디려 하는 이들에게 경고와 함께 격려를 드리고 싶은 마음일 뿐이다.

어쩌면 『삼국사기』의 저와 같은 본질은, 그것이 국왕의 명령에 입각하여 추진된 국책사업 결과물이었기 때문에 피할 수 없는 한계일지도 모른다. 『삼국사기』 편찬은 고려 인종仁宗의 명에 따른 국책 사업이었다. 『고려사』에는 『삼국사기』의 편찬이 마무리되었음을 다음과 같이 기록해 두었다.

(인종 23년 12월 임술) 김부식金富軾이 삼국의 역사를 편찬하여

바쳤다. (『고려사』 세가 17)

　고려 인종 23년은 대부분의 연표에 1145년으로 나오지만, 위의 일자는 음력이므로 양력으로는 1146년 초가 된다. 이때 찬진된 책이 곧 『삼국사기』이다. 지금으로부터 850년 전이다. 그런데 『삼국사기』의 이름에 대한 혼선이 있어서 잠시 정돈을 해 두려 한다. 위에 인용한 『고려사』의 원문에는 '삼국사三國史'라고 하였다. 그러다 보니 사람들이 종종 본래의 서명을 『삼국사기』가 아니라 『삼국사』가 아닌가 의문을 품는다. 심지어 『삼국사기』라고 하는 것은 진실을 왜곡하거나 은폐하는 일이라고 주장하기도 한다. 그러나 『고려사』의 '삼국사'는 '삼국의 역사'라는 말일 뿐, 그 자체가 고유한 책 이름이 아니다.

　같은 『고려사』에서도 열전의 김부식전에서는 "김부식이 신라, 고구려, 백제 세 나라의 역사를 편찬하여 진상하자, 왕은 내시 최산보崔山甫를 김부식의 사택에 보내서 그 공을 표창하는 말을 전하게 하고 화주花酒를 내려 주었다"라고 하였다. 여기서도 마찬가지로 '삼국사'는 책의 이름이 아니라

'삼국의 역사'인 것이며, 그것은 구체적으로 "신라, 고구려, 백제 세 나라의 역사"인 것이다. 실제로 간행된 『삼국사기』에는 각 권 머리마다 '삼국사기'라는 책의 이름이 표기되어 있으며, 당시의 송나라에서도 이를 '해동삼국사기'라고 불렀다. '해동海東'은 중국 중심적 방위 관념에서 볼 때 우리의 역사공간을 가리킨다.

2. 고대를 향한 흐린 창

이처럼 『삼국사기』는 한국의 역사 가운데 고대의 삼국을 서술 대상으로 한 고려 중기의 관찬 사서라는 점을 우선 주목하자. 그러므로 『삼국사기』는 한국의 고대를 들여다보려는 사람들에게는 하나의 유효한 창이라고 할 수 있다. 누구라도 이에 대해 본격적인 이의를 제기하지는 않는다. 다만 이때 사람들의 행위를 '들여다보다'라고 한 점에 주의할 필요가 있다. 그렇게 말한 데에는 『삼국사기』가 창이긴 하나, 활짝 열어젖혀 넓고 밝은 바깥을 '내다보는' 통로는 아니기 때문이다. 어둡고 무질서한 혼돈 덩어리를 향해 나 있는, 마치 균열과도 다를 바 없이 비좁은데다가 온갖 더께마저 두터이 끼어 있는 흐릿한 창을 떠올릴 수 있다면, 그것이 곧 고대의 가장 유력한 창 『삼국사기』일 것이다.

이렇게 말해도 아직 실감을 하지 못할 것 같아 걱정스럽다. 비유적 설명은 독자에게 쉽게 다가서기는 하나 신뢰의 근거로는 어울리지 않는 방식이기도 하다. 따라서 계량의 방식으로 이 점을 다시 한 번 차분하게 음미해 보려 한다.

『삼국사기』는 책의 이름이 가리키듯이 삼국에 관한 역사서이다. 당연한 말이지만 삼국은 고구려와 백제와 신라를 이른다. 『삼국사기』에 따르면 삼국은 모두 기원전 1세기 후반부터 국가로서 족적을 남기고 있다. 그 가운데 백제와 고구려는 7세기 중엽에 신라와 당의 연합군에 의해 패망하였다. 승전국이었던 신라 역시 935년에 고려 태조 왕건에게 항복하였다. 이들 세 나라의 흥망이 모두 『삼국사기』에 포괄되어 있다. 그들과 공존했던 부여나 가야 같은 유력한 왕조들의 역사는 제외한다 하더라도, 세 나라의 존속 기간을 합하면 2천 년이 넘는다.

사마천의 『사기』에서 비롯된 기전체 역사 서술 방식은

본기와 열전이 중심을 이룬다. 본기는 왕의, 그러니까 당연히 왕조의 역사다. 열전에는 왕을 제외하고, 비중 있는 인물들의 삶이 간추려 담긴다. 『삼국사기』에는 삼국 각각의 본기가 별도로 안배되었으며, 열전에는 삼국의 인물들을 함께 다루었다. 그리고 각 분야의 분류사라고 할 수 있는 잡지難志와, 중국과 삼국의 왕대력을 표로 정리한 연표가 실려 있다.

『삼국사기』의 주요 편목별 서술 분량을 간단하게 정리해 보면 다음과 같다. 다음 표에 보이는 목판의 수는 조선 중종 7년, 즉 1512년에 판각된 목판본의 목판 매수를 가리킨다. 권 수도 마찬가지이다.

내용	신라 본기	고구려 본기	백제 본기	연표	잡지	열전	합계
권 수	12	10	6	3	9	10	50
목판 수	204	122	67	169	124	114	800

전체 50권 체재에 목판 800장으로 구성되었다. 표를 보면 우선 권수와 목판, 즉 내용의 양이 반드시 비례하지 않는

다는 것을 알 수 있다. 백제본기는 6권인데 권별로 8매에서 13매의 분량인 반면, 신라본기는 13매에서 21매에 달한다. 같은 열전 내에서도 적은 권은 5매의 양인데 많은 권들에는 15매가 담겼다. 삼국의 존속 기간에 대해서는 이설도 있지만,『삼국사기』에 의할 경우 고구려는 705년 동안, 그리고 백제는 678년의 역사를 누렸다. 이처럼 세 왕조의 존속 기간은 이천 년이 훨씬 넘고, 가장 오래 지속된 신라를 기준으로 보아도 기원전 57년부터 기원후 935년까지 무려 992년이나 된다. 이 모든 역사가 목판 800장에 담긴 셈이다.

짐짓 작위적으로 말하자면, 삼국 전체 존속 기간을 2400여 년으로 보아 평균적으로 목판 한 장에 3년의 역사가 담겼다고 할 수 있다. 더구나 백제는 678년의 역사가 67매의 목판에 담겼으니, 목판 한 장이 10년의 왕조사를 감당한다. 게다가 세 왕조의 왕대력을 대조할 수 있게 만든, 매우 단순한 연(대)표가 전체 분량의 21%를 상회한다. 이렇게 되면 이건 역사가 아니라 장구하고도 광활한 역사에 대한 희소한 단서에 불과하다.

한편 1512년에 판각된 이 목판본은 오늘의 독자들이 이용하는 거의 모든 활자본과 영인본과 번역본의 원전이라고 보아도 좋다. 목판 한 장은 가로 18행으로 구획되었으며, 극히 예외적인 경우를 제외하면 각 행에는 원칙적으로 최대 18자가 쓰여 있다. 그러므로 목판 한 장에는 최대 18×18자가 담기게 된다. 결국 『삼국사기』의 글자 수는 대략 20여 만 자에 불과한 것이다. 그저 내용이 빈약하다는 표현만으로는 그 실상을 제대로 전할 수 없다고 해야 옳을 지경이다.

문제의 본질은 분명하다. 『삼국사기』는 우리 고대 삼국의 역사에 다가서기 위한 가장 유력한 통로지만, 안타깝게도 한국의 고대로 안내하는 이 창이 너무나 협소하다. 게다가 『삼국사기』를 우회하여 고대 삼국의 마당에 들어서기에 마땅한 다른 대안은 없다. 그러나 그보다 더 큰 문제는, 정작 이 범상한 사실을 사람들은 곧잘 간과하고 만다는 현실, 바로 그것인지도 모른다.

어쩔 수 없이 다시 비유의 설명력에 기대 보자. 이렇게 말하면 어떨까. 저 어둡고 모호한 고대의 세계는 외연도 내포도 분별할 수 없는 혼돈의 덩어리와 같으며, 『삼국사기』는 거기에 꽂혀 있는 가느다란 대롱과 같은 것이라고! 독자는 대롱의 한쪽 끝에 실눈을 들이댄다. 이른바 관견管見이다. 고대를 탐색하는 사람들은 이 대롱에 눈을 대고 들여다보며, 이 대롱으로 한 줄기 고대적 체취를 맛보는 것이다. 그러니 갈증은 해소되지 않으며, 오히려 의혹은 증폭될 뿐이다.

물론 앞에서 보았듯이 지증왕에 대한 발랄한 이야기로 『삼국사기』의 건조함을 웅변해 준 『삼국유사』도 하나의 유력한 창임에는 틀림없다. 그러나 『삼국유사』는 책의 이름에서부터 '유사遺事'이다. '유사'란 '남은 일'을 뜻한다. '삼국의 본사本史'를 전제한 위에 '삼국의 유사'를 자처한 것이 『삼국유사』이다. 『삼국유사』가 전제한 본사가 『삼국사기』라는 것이야 더 말할 필요가 없다. 편찬 시점도 『삼국유사』는 『삼국사기』보다 적어도 140년 뒤다. 정약용은 "유사란 일사逸事이니, 역사가의 기록이 아니라 그 가운데 흩어져 없어져 버려 글로 드러나지 않은 것을 이른다"라고도 하였다.

이제 삼국의 역사를 한 그루 나무라고 해보자. 본사가 나무의 뿌리와 줄기라면, 유사는 뿌리와 줄기가 제대로 생장하고 있을 때 비로소 제자리를 지킬 수 있는 가지와 잎으로서 그 나무를 더욱 풍성하고 다채롭게 꾸민다. 『삼국유사』
자체만으로는 삼국 중심의 고대의 마당에 들어서는 통로가
될 수 없는 이유이다. 부실하긴 하나 『삼국사기』가 저 깊은
세월의 저층으로 안내하는 갖추어진 통로다. 비록 질적으
로나 양적으로나 만족할 수 없을지라도, 마땅한 대안이 없
는 이상 『삼국사기』에 대한 진중한 음미를 외면해서는 안
된다. 실제로 『삼국사기』는 전문 연구자의 눈에는 더욱 문
제투성이다.

고고학자들이 발굴해 보여 주는 유물과 유적도 고대를
매개하는 유력한 자료들이다. 더구나 그것들은 고대인의
체취를 온전히 전한다. 주의할 것은 고대의 유적과 유물이
『삼국사기』의 내용을 지지해 주는 증거인 경우도 있지만,
반대로 『삼국사기』의 내용을 부정하거나 상당한 수정을 불
가피하게 만드는 경우도 없지 않다는 사실이다. 이 때문에
고대사 연구자들은 어떤 논리와 관점에서 양자의 상충을
적절하게 용해할 것인지 혹은 해명할 것인지를 궁리하지
않으면 안 된다. 한국의 고대를 대상으로 하는 거의 모든
논문들의 숙제거리이다.

또 어떤 사람들은 『삼국사기』가 한국의 고대를 객관적으로 보여 주지 못하는 것은 물론, 의도적으로 변질시켰을 가능성이 크다고 생각한다. 더구나 이러한 생각은 『삼국사기』 편찬 사업을 주관한 김부식 개인의 의도에 대한 직접적인 혐의로까지 번지는 것이라, 더욱 범상하게 넘길 일이 아니다. 그러나 이 완고한 불신은 입증하기도, 반대로 반증하기도 쉽지 않다. 다만 그렇게 복잡하고 예민한 논쟁이라면 여기서 감당할 일이 아니다. 특히 어느 한편에 지지를 표명하는 순간, 가뜩이나 비좁기 짝이 없는 『삼국사기』에 대한 그리고 『삼국사기』를 통한 우리의 시야는 더욱더 좁아지고 말 것이다.

성급할 까닭이 없으며, 오히려 필요한 것은 편견과 선입견에 오염되지 않은 건조한 시선이다. 차라리 『삼국사기』 편찬 당대의 정치적·지적 환경과 편찬 대상의 역사적·자료적 토대를 신중히 살피는 일이 우선되어야 한다. 물론 이러한 제안조차 이미 어떤 형태의 편향이라는 지적이 가능하긴 하다. 그러나 역설적이게도 『삼국사기』에 대한 여러 형태의 회의론 또한 우리에게 삼국시대를 매개하는 『삼국

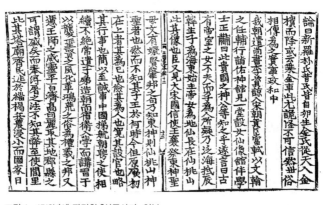

그림 1 1512년에 판각한 『삼국사기』 인본

사기』의 절대적 비중을 부정하지 못하는 반증인 셈이다.

여하튼 『삼국사기』는 찬진 직후부터 다양한 논점에서 비판의 과녁이 되어 왔다. 비판의 흐름은 시대와 관점에 따라 탄력 있게 변용되면서 오늘까지 이어지고 있다. 다만 학계의 연구 역량이 증대되고 고고학의 성과가 축적되면서 『삼국사기』에 대한 의혹은 차츰 정돈되는 추세에 있다. 비록 논의는 끝나지 않았으며 쉽게 끝날 리도 없겠지만, 그런 만큼 우리는 일단 『삼국사기』에 바짝 다가서서 그의 발언에 직접 귀 기울여야 하지 않을까.

2장
위기의 시대 12세기

1. 거대한 전환과 질서의 전도

역사는 시대의 소산이다. 역사가는 또한 그의 시대를 환경으로 사고한다. 『삼국사기』 역시 12세기 중엽 고려 사회를 토대로 조명되어야 옳다. 아울러 『삼국사기』의 시대성은 그 편찬을 주도한 김부식의 생애와 교차하면서 비로소 제자리를 찾는다고 믿는다. 너무 진부한 말이지만, 시대와 유리된 개인의 삶을 상상할 수 없는 한편, 저자의 개성으로부터 완전히 독립된 저술 또한 있을 수 없기 때문이다.

『삼국사기』는 고려 왕조가 바라본 삼국의 역사다. 삼국,

즉 세 왕조와 그들의 역사는 고려의 역사적 바탕이요, 고려의 현실은 삼국의 역사적 연장이자 결과이다. 과연 삼국과 고려는 서로 어떻게 조응하거나 차별되는 것인가.

삼국 중심의 고대적 질서는 7세기를 지나면서 한 차례 해체의 위기를 미봉한 바 있다. 당시 점증해 가는 고대적 질서의 위기에서 동북아시아의 주요 왕조들은 너나없이 무력주의의 길을 선택했으며, 여기에서 패배한 단위들은 파멸을 피할 수 없었다. 백제와 고구려가 차례로 종국을 고하였다. 이로써 신라의 전쟁지휘부는 승리의 영광을 전유할 수 있었다. 사람들은 이를 일러 '신라의 삼국통일'이라고 부르곤 한다. 그런가 하면 고구려의 부활을 자처한 발해의 위상을 각성하여, 삼국이 '양국' 혹은 '남북국'으로 재편된 것에 지나지 않는다고 이해하기도 한다.

그와 같은 명명이나 평가에 대해서는 찬·반이 있을 수 있다. 그러나 전쟁의 승리만으로 고대적 모순은 해소되지 않았다. 전쟁에서 승리한 신라에서도 왕을 정점으로 한 지배귀족들의 이해와 길항의 관계가 여전히 왕조사의 주요 동인이었다. 저와 같은 본질이 바뀌지 않은 이상, 어떤 정치적 혹은 제도적 개선의 시도도 이미 진정한 대안이 되지 못한다. 따라서 전쟁 이후의 신라 왕조란 고대 삼국의 불안한 연장에 불과하며, 새로운 질서를 향한 진통의 과도기를 지탱했을 뿐인 셈이다. 이 점에서 고려 왕조의 성립은 확실히 전대 사회와는 다른 지향을 예고한다. 다만 고려는 신라의 강토와 신라의 백성과 신라의 제도에 기반을 두고 출발하였다. 다시 말해, 고려는 그 태생에서 의연히 신라의 전통과 가치 체계를 존중하였다.

그러나 이 순탄한 외양은 고려 왕조의 내적 성숙도와 동북아시아 국제 환경의 급속한 변화에 따라 빠르게 변질되었다. 조만간 또 하나의 전환을 위한 모색이 시대 과제로 부상한 연유가 여기에 있다. 그것은 10세기 918년에 고려 태조가 즉위하여 936년에 후백제 병탄으로 일통을 이룬 뒤, 바야흐로 200여 년이 지난 시점에서 봉착한 불가피한 과제였다. 『삼국사기』가 태동하던 시기이다.

고려의 12세기는 귀족 중심의 유교주의 통치 이념으로 출발한 고려 전기 사회의 난숙함이 바야흐로 정점을 지나, 이미 쇠락의 조짐이 나타나기 시작한 때이다. 외척이 주도한 몇 차례의 구체적인 왕권 도전과 이를 빌미로 한 변칙적 왕위 계승은 미세한 전조에 불과하였다. 왕위 계승을 둘러싼 잡음은 왕위 계승권의 범주를 확대시켰으며, 그것은 다시 왕권의 추락을 재촉하였다. 비극의 연쇄는 12세기의 첫 왕 숙종肅宗, 1095~1105의 즉위에서 비롯되었다.

숙종은 문종文宗의 아들로서 순종順宗과 선종宣宗은 그의 형들이었다. 선종 사후 아들 헌종獻宗이 열한 살의 나이로 즉위하여 모후가 섭정을 하였으나, 일 년 만에 왕좌에서 밀려나고 말았다. 헌종의 이복 아우를 왕으로 옹립하려는 이자의李資儀의 음모를 숙종이 분쇄한 직후의 일이다. 이자의는 헌종 대 이래 왕실의 유력한 외척으로 군림해 온 인주 이씨로서, 저명한 이자겸李資謙과는 사촌 관계였다. 그러나 보기에 따라서 이 정란은 조카 헌종으로부터 선위를 받아 숙종으로 즉위하게 되는 숙부 계림공鷄林公의 위험한 의욕을 감지한 이자의가 사전에 이를 저지하려던 데서 발단한 사건이었을 수도 있다. 진실이 무엇이었든지 간에, 왕권에 대한 이자의의 도전은 왕실로 하여금 왕실의 유력 외척을 비롯한 주요 문벌귀족 세력에 대한 경계심을 증폭시켰다. 그리고 이러한 분위기에서 헌종의 폐위는 받아들여졌다.

이처럼 숙종은 1095년 이자의의 토평을 빌미로 선양의
형식을 빌려 자신의 조카인 헌종을 폐위시키면서 왕위에
올랐다. 그러나 숙종의 즉위는 부자 계승 혹은 형제간의 승
습을 원칙으로 하는 고려의 왕위 계승 관례에 어긋나는 것
이었다. 일시적으로는 숙종의 비정상적인 왕위 계승의 합
리화가 가능했을 것이나, 결국 즉위 과정의 굴절은 숙종의
정치력에 제약 요인으로 작용하였을 것이다. 이로 인해 숙
종에게는 더욱 적극적이고도 세련된 대응책이 필요하였다.
그가 추진한 천태종天台宗의 진작, 화폐 사용 정책, 남경南京의
설치 등 개혁적 시책들이 가지는 의미가 바로 그것이다.

이 변칙적인 숙질간의 경험은 숙종의 아들인 예종睿宗 대
에 와서 왕의 숙부들이 처단되는 배경이 된다. 예종 사후
인종의 즉위를 전후하여 예종의 아우들이 다시 축출되었
다. 숙종 이후의 왕실은 전대의 사례가 재현되는 것을 방지
하기 위하여 기꺼이 비싼 대가를 치르고자 하였던 것이다.
인종의 아들 의종毅宗 역시 이 악순환의 고리를 끊지 못하고
왕제들을 희생시켰다. 더구나 의종은 이미 태자 시절부터

그의 아우 대령후大寧侯 경暻을 지지하는 세력으로부터 도전받은 경험이 있었다. 대개 잠복된 금기는 언제든 사소한 계기를 만나 극적으로 표출되곤 한다. 불안은 거듭된 무고誣告를 낳았으며, 왕의 병적 불안은 해소되지 않았다.

국제 정세의 격변도 국내의 불안감을 증폭시켰으며, 왕권의 추락을 강요하였다. 특히 예종 대는 북방에서 거란족의 요遼와 여진족의 금金이 명암을 달리하고, 그에 따라 중원의 송과 고려의 민감한 대응으로 특징지어진 시기였다. 예컨대 예종 초에 고려는 윤관尹瓘의 주도로 동북 방면의 여진을 평정하고 아홉 개의 성을 평정하거나 신축하였다. 그러나 윤관의 9성 개척이라고들 부르는 이 성과는 불과 2년도 가지 못해 9성을 여진에 환부함으로써 무위가 되고 말았다.

예종 10년(1115), 노쇠한 요는 고려에게 금을 치기 위한 출병을 재촉하였다. 이에 대한 조정의 논의는 대체로 요의 요청에 수긍하는 것이었다. 유독 김부식 형제를 필두로 한 소수가 여진 정벌의 실패 경험과 국제 사회의 유동적인 역학 관계에 대한 전망의 불투명함을 들어 출병에 반대하였다. 실제로 전망은 불투명하였다. 결국 출병 논의는 미결인 채로 남았다. 요에서는 다시 출병을 채근하는 사신을 파견해 왔으나, 고려 조정은 여전히 결정을 보류하였다. 곧이어 발해인 고영창高永昌이 요의 동경東京을 장악하는 사건이 벌어지고, 고려에서도 요의 연호 사용이 폐지되었다. 그리고 뒤이어 고려는 요에 대한 금의 공세에 편승하여 압록강 방면에 관방을 설치하기도 하였다. 그러는 가운데서도 금은 유목민족 특유의 기동력과 구심력을 바탕으로 착착 새로운 제국의 위용을 갖추어 가고 있었다.

1117년, 금의 태조 아골타阿骨打는 고려에 대해 형제 관계의 외교 의례를 강요해 왔다. 동북아시아의 재편되는 힘의 질서 속에서 여하한 대처가 국익에 기여하는가 하는 문제는 당시 지식 관료들의 현실 인식과 무관할 수 없다. 전통적인 여진 관계의 완벽한 전도를 의미하는 이 사건은 대부분의 신료들을 격분케 하였다. 금의 사신을 죽이자는 극단적 주장을 하는 사람들도 있었다. 반면에 2년 전 요의 출병 요구에 김부식 형제가 반론을 견지하였던 것과는 달리, 이번의 논의에서는 여러 신료들의 반대에도 불구하고 김부식의 아우 김부철金富轍이 금과의 화친 관계 수용을 주도하였다. 김부식은 1년 전 사절단의 일원으로 파견되어 송나라에 가 있었다.

저열한 오랑캐로 여겨온 여진족에게 받은 굴욕적 외압은, 고려 국내외의 왕조사 전개에 큰 파장을 예비한 것이었다. 전통시대 민족사의 외압에 대한 대응에는 으레 자주와 사대의 양분 논리가 개입하기 쉽다. 이 경우 현실의 물리적 조건과 긴 호흡의 전망은 세심하게 배려되지 못한다. 대개 외압과 타협하는 편에 대해서는 조소와 비난이 뒤따를 뿐이다. 고려의 사례에서도 사람들은 같은 시기 북송의 멸망 따위는 그다지 깊이 고려하지 않는다. 과연 자주와 외세의 문제에서 무엇을 준거로 삼아야 할 것인가는 간단하게 대답하기 어려운 문제다. 여하튼 금은 이자겸의 왕권 도발이 있기 1년 전인 1125년에 요나라를 멸망시켰다. 그리고 이듬해에는 고려에 대하여 수직적인 군신관계를 강요해 왔다. 그리고 다시 그 1년 후 송나라를 격파하여 강남으로 축출하는 등, 동북아시아의 질서 재편을 거침없이 주도하였다.

그러므로 이자겸의 정변(1126)은 요와 금의 교체를 대외적 배경으로 한다. 일찍이 둘째 딸을 예종에게 납비하였던 이자겸은 셋째와 넷째 딸을 연이어 인종의 비로 들였다. 막강한 그의 전횡과 농단에 대한 왕 이하 신료들의 반감이 점차 공감을 얻어 가고 있었다. 그러나 인종과 신료들은 이자겸과 그의 동조자 척준경拓俊京을 죽이려다 실패하였다. 이자겸과 척준경의 반격 앞에서, 왕은 선위를 자청하기에 이르고 말았다. 비록 선위는 이루어지지 않았고, 척준경이 왕권 측에 포섭되면서 이자겸이 처단되고 그의 두 딸마저 내쳐지게 되었으나, 이 과정에서 왕의 권위는 참담하게 추락하였다.

요가 멸망한 직후까지도, 금은 고려가 보낸 국서에서 칭신稱臣하지 않았다 하여 이를 받아들이지 않았다. 그러나 1126년 고려는 엄연한 국제 현실 앞에서 신흥 제국 금에 신하의 지위를 감내하고 그에 따른 표문을 올리지 않을 수 없게 되었다. 곧이어 송에서는 고려를 향해 금나라 협공을 독촉해 왔다. 동북아시아의 격변하는 역관계 속에서 여전히 판단은 용이하지 않았다. 『삼국사기』를 책임 편수한 김부식은 긴박한 외교적 숙제를 안고 9월에 송나라에 들어갔다. 물론 외양상 그것은 송 흠종欽宗의 즉위를 축하하는 임무였지만, 금과의 갈등을 경계해 온 그의 외교적 입장에서 보면 송의 군사 요구에 대한 적의한 대처를 위해 필요한 일이기도 하였을 것이다.

그러나 김부식은 다음 해(1127) 5월 입송의 소득도 없이 돌아오고 말았다. 즉 사행이 송의 명주明州에 이르렀을 때 금나라 군대는 이미 북송의 수도인 변주汴州의 개봉開封을 장악했으며, 송은 금에 항복을 청하였던 것이다. 송은 동북아시아의 힘의 중심을 새로 흥기한 금에게 빼앗긴 채 남쪽으로 밀려나고 말았다. 그리고 고려에서는 마침내 서경 세력의 도전이 이어졌다. 바야흐로 김부식의 정치적 정점이 예고되는 사건이었다.

김부식이 고려를 떠나 있는 동안 국내에서 정지상鄭知常과 김안金安 등은 오히려 금이 송에 크게 패했다는 변방의 헛된 보고를 믿어 금나라를 정벌할 것을 주장하였다. 그러나 김부식 일행이 돌아와 진상이 알려졌다. 『고려사절요』의 한 대목은 장차 고려에 도래할 전례 없는 갈등이 이미 팽만하

40

였음을 증언하고 있다.

김부식 등이 송나라의 명주에까지 갔다가, 마침 변주에 들어와 있는 금나라의 군사를 만나 길이 막혀서 들어가지 못하고 돌아왔다. 이전에 변방에서 보고하기를, "금나라가 송나라를 침범하다가 싸움에 져서, 송나라의 군사가 승리한 기세를 이용하여 금나라의 국경에 깊숙이 들어갔다" 하니, 이에 정지상과 김안이 아뢰기를, "시기를 놓칠 수 없으니, 군사를 출동하여 송나라의 군사와 호응해서 큰 공을 세우고, 주상의 공덕이 중국의 역사에 실려 만대토록 전하게 하소서"라고 하였다. 왕이 김인존金仁存에게 물으니 아뢰기를, "전해들은 일이란 항상 사실과 어긋나는 경우가 많으니, 뜬소문을 듣고 군사를 일으켜 강한 적의 노여움을 사는 것은 옳지 않습니다. 또, 김부식이 장차 곧 돌아올 것이니, 그를 기다려 진위를 알아보게 하소서"라고 하였다. 이때에 부식이 돌아오고 보니, 변방의 보고가 과연 거짓이었다. (『고려사절요』 9 인종 5년 5월)

2. 조선역사상 일천년래 제일대사건

국내의 숨 가쁜 정란과 국제적 역관계의 격변을 배경으로 대두한 서경천도론은 당대 고려를 풍미한 개경쇠운론의 연장이었다. 예컨대 서경 출신 정지상은 "상경上京(개성)의 기업이 이미 쇠하여 궁궐이 다 타서 남은 것이 없고, 서경西京(평양)에는 왕기王氣가 있으니 마땅히 임금께서 옮겨가서 상경으로 삼아야 한다"라고 주장하였다.

그러나 거슬러 올라가 보면, 이미 숙종 초에도 남경천도론이 대두한 바 있다. 술수가 김위제金謂磾는 풍수지리법의 대가 도선道詵의 술법과 비기祕記에 근거하여, 왕이 중경과 남경과 서경을 4개월씩 순주巡住하면 36개국이 조회해 올 것이라고 주장하였다. 즉 당시의 수도인 중경과 서경은 이미 있으므로, 지금의 서울에 해당하는 곳에 새로 남경을 건설해야 한다는 것이다. 남경 건설 건은 실제 추진되어, 숙종 9년(1104)에는 남경에 궁궐을 완성하고 왕이 행차하면서 남경으로 천도하는 문제가 거론되기도 하였다.

이와 같은 도참적 관심은 예종 대에도 여전하였다. 예종은 즉위하자마자(1105) 술사 은원충殷元忠 등으로 하여금 동계東界의 산천을 순시케 하더니, 다음 해에는 술사의 참언讖言으로 서경에 궁궐을 지으려고 의도하였으며, 다시 김위제를 파견하여 서경의 용언龍堰 터를 살펴보게 하였다. 일부 신료가 백성의 노고를 들어 반대하였으나, 왕은 듣지 않았다. 이러한 분위기에서 풍수지리와 도참서를 망라한 『해동비록海東秘錄』의 편찬이 왕명으로 이루어졌다. 왕의 의도에 부응하여 다음 해(1107) 최홍사崔弘嗣 등은 국운의 연장을 위해 서경에 새 궁궐을 지을 것을 다시 주장하였다. 반대 의견도 의연하였으나, 왕은 최홍사의 말을 좇았다.

물론 당시의 여론은 신궁 건설에 회의적이었다. 그러나 왕은 여진 정벌의 결정마저 최홍사의 점복에 의지할 정도로 신료들의 일반적 인식과는 거리가 생기고 있었다. 이처럼 사실 서경의 도참적·풍수지리적 부각은 왕 자신에게서 비롯된 측면이 있다. 물론 예종의 서경 중시에는 재래의 개경 중심 문벌귀족에 대한 제압의 의도가 들어 있었다. 그러나 그것이 도참 및 풍수지리사상, 즉 신비적 사고의 외피를 쓰고 대두하였다는 점을 놓쳐서는 안 된다. 그리고 이 신비

주의적 사유는 이미 거대한 시대적 조류로 확산될 조짐이
깊었다.

인종 대의 상황은 더욱 심각하였다. 정치 세력들의 급격
한 부침과 외척 이자겸 일당의 발호 등은 일반 백성들에게
도 불안감을 증대시켰던 것 같다. 항간에는 관리들이 민간
의 어린이를 잡아다 강물에 던진다는 소문이 돌았는데 서
해도西海道, 즉 지금의 황해도 방면이 가장 심하였다고 한다.

특히 인종 5년(1127)을 즈음하여 밖으로는 요나라의 멸망
을, 그리고 안으로는 이자겸의 왕권 도전과 그에 이어지는
좌절의 격랑을 배경으로 묘청妙淸과 백수한白壽翰·정지상 일
파의 역할이 부각되기 시작하였다. 다음 해의 서경 천도 논
의에는 적지 않은 관료들이 적극적으로 호응하였다. 그리
고 마침내 서경에 궁궐이 세워지고 칭제건원稱帝建元 및 공금
론攻金論이 대두하였다.

서경 세력의 신비적 의미 부여와 주장들은 모두 나라를
이롭게 하고 왕업을 늘린다는 명분을 내세우고 있었다. 여
기에 충재蟲災를 비롯한 여러 흉조는 인종으로 하여금 천도
문제를 심각하게 고려하도록 한 또 다른 요인이 되었다. 그

러나 유의할 것은 숙종, 예종, 인종 대를 거치면서 만연되어 온 도참 혹은 풍수지리에 대한 관심은, 불행히도 왕들의 정치적 의도와 무관하게 지역주의에 함몰될 위험이 다분하였다는 점이다.

묘청 등의 세력이 구체적으로 부각하던 시기에 와서 김부식은 항상 그 반론의 중심에 있었다. 특히 서경의 거병이 있기 일 년 전 김부식은 신비적 길지론吉地論의 허구성을 논박하는 한편 통치자가 견지해야 할 '인민애물仁民愛物'의 명분을 들어 인종의 서경 행차를 저지하는 데 성공하였다.

인종 12년(1134), 왕은 묘청의 말을 따라 서경으로 행차하여 재액을 피하고자 하였다. 이에 김부식이 아뢰기를 "이번 여름 벼락이 서경 대화궁大華宮에 30여 군데나 내리쳤거니와, 만약 그곳이 길한 땅이라면 하늘이 필시 그와 같이 하지는 않았을 터인데 그러한 곳으로 재액을 피해 간다는 것은 역시 그릇된 일이 아니겠습니까? 하물며 지금 서경 지역의 농작물 추수가 아직 끝나지 않았는데 만약 거동하시게 된다면 틀림없이 농작물을 짓밟게 될 것이니 이는 백성을 사랑하고 물자를 아끼는 뜻이 아닐 것입니다"라고 하였다. 또 간관과 함께 상소하여 극력 간언하였더니 왕은 "그대의 말이 지당하므로 짐이 서경에 가지 않겠노라"라고 하였다. (『고려사』 98 열전 11 김부식)

　인종의 이러한 심적 변화와 결정은 서경 세력에게 비상한 선택을 강요하는 것이었다. 이 해 12월 황주첨黃周瞻의 칭제건원稱帝建元 주청이 무위로 끝난 것을 마지막으로 묘청에게는 다른 대안이 없었다. 마침내 인종 13년(1135) 1월, 묘청의 서경 전역은 발발하였다. 김부식은 이의 토평 총책을 부여받았다. 그리고 만 1년을 넘겨서야 김부식은 승첩의 보고를 올릴 수 있었다.

　일찍이 신채호는 『조선사연구초朝鮮史研究草』에서 묘청의 이 거사를 일러 '조선역사상 1천년래 제일대사건朝鮮歷史上 一千年來 第一大事件'이라고 명명하였다. 그는 우리 근세의 종교, 학술, 정치, 풍속 따위가 사대주의의 노예가 된 원인이 무엇인가 하는 문제를 스스로 제기하고서, 묘청이 김부식에게 패한 사실을 그 원인으로 단정하였다. 즉 이 사건은 국풍파

그림 2 신채호

대 한학파의 싸움이고, 독립당 대 사대당의 싸움이며, 진취사상 대 보수사상의 싸움이었다는 것이다. 그러므로 묘청의 패배는 곧 자주파가 모화파에 굴복한 것이며, 향후 우리 역사가 사대 굴종으로 흐르게 된 근본 원인이라고 파악하였다.

　신채호의 논법에 따르면 묘청과 김부식은 선악의 대척점에 마주 서 있다. 역설적이게도 김부식의 비중 역시 묘청의 그것에 모자라지 않는 것처럼 보인다. 물론 신채호에게 김부식의 비중이란 본질적으로 1865년 링컨Abraham Lincoln 대통령을 저격한 부스John Wilkes Booth의 무게와 다를 바 없는 것이었겠다. 더욱 안타깝게도 신채호에게 김부식은 『삼국사기』
를 구성하는 속성 가운데 중요한 하나였다.

신채호가 묘청의 서경 전역에 대해 이렇듯 극단적인 평
가를 한 데에는 두 가지 유의할 만한 맥락이 있다. 그 첫째
는, 바로 묘청 등 서경 세력이 표방한 정책 자체다. 그들의
중심 주장이라고 할 수 있는 서경천도론은, 개경의 지력이
쇠하였으므로 지력이 왕성한 서경으로 수도를 옮겨야 한다
는 풍수지리적 길지론에 근거한 것이었다. 그러나 그들은
그와 함께 북벌론과 칭제건원론, 즉 현실의 신생 유목제국
인 금나라를 정벌하고, 고려 스스로 황제를 칭하며 독자적
인 연호를 사용할 것을 주장하였다. 이러한 주장은 일시적
이나마 왕을 비롯한 신료들에게 광범한 공감을 얻은 바 있
다. 겉모습으로만 본다면 틀림없이 자주적이고 진취적인
정책 대안이다.

둘째로 생각해 볼 수 있는 측면은 신채호 자신이 처한 시
대 상황이다. 그는 조국의 주권이 제국주의의 침탈 앞에 위
태로웠을 때, 그리고 마침내 일제의 식민지로 전락하여 민
족의 생존권이 말살될 위기에 처했을 때, 주권의 수호와 회

복에 진력하였던 실천적 지식인이었다. 그러므로 그의 묘청에 대한 평가란, 열강의 침략으로 민족사가 가장 심하게 왜곡된 시기에 그에게 부여된 시대적 소명에 충실하고자 한 역사가가, 조국의 역사를 진지하게 성찰할 때 자연스럽게 귀착할 만한 논리였던 것이다.

그러나 신채호의 성찰이 바로 저와 같은 시대 조건에서 발로된 것이었다고 한다면, 묘청의 정책 대안 또한 마찬가지로 하나의 역사적 사태로서 음미될 필요가 있다. 서경의 정치 운동은 1136년 벽두에 종국을 고하면서 공금론도 함께 소멸하였다. 무력으로 금을 극복하자는 주장은 실현 가능한 정책이 아니었다. 공교롭게도 정확히 500년 뒤 조선의 인조 정부는 후금後金, 즉 청淸에 대해 대안 없는 척화론斥和論을 고수하다가 이른바 병자호란을 자초하였다. 그 결과 조선은 삼전도三田渡에서 전례 없는 굴욕적 항복을 한다. 사람들은 이를 일러 정축년(1637)의 치욕이라고 부르기도 한다. 그리고 조선에서는 북벌론北伐論이 무성하였다.

서경의 묘청 세력이 신흥 유목 제국이었던 금을 겨냥하여 주창하였던 북벌론은, 500년 뒤에는 오히려 왕조 권력이 이를 내세운 주체였다는 점이 달라졌을 뿐, 현실적으로 실현 불가능한 허구적 정치 슬로건에 불과하였다는 사실은 마찬가지였다. 더구나 조선 정부의 북벌론은 불행히도 너무 오랫동안 한 나라를 국제적 자폐 상태에 몰아넣었다. 100년 뒤인 1737년에 태어난 실학자 박지원朴趾源은 소설 「허생전」에서 추락한 왕조 권위가 호도한 북벌론의 허구성을 통렬하게 묘파하였다. 허생이 북벌의 총수 어영대장御營大將 이완李浣을 질타하는 마지막 대목이 이러하였다.

… 방금 명나라를 위해 복수하겠다고 하면서도 오히려 자기 머리털 하나를 아끼고, 장차 말 타고 달리면서 칼로 치고 창으로 찌르고 활 쏘고 돌을 던지며 싸움을 할 생각이면서 자기의 넓은 소매는 고치지 않고 스스로 예법이라 하는가? 내가 처음 만나서 세 가지를 말하였는데 너는 하나도 할 수 있는 것이 없다 하면서도 스스로를 임금이 신임하는 신하라고 하니, 신임하는 신하가 정녕 이렇단 말이냐? 이런 놈은 목을 베어 버려야겠다.

여느 시대를 막론하고 집권층이나 특정 정치 세력이 내거는 정책, 제도, 주장 등을 접할 때 겉으로 드러난 외양만으로 판단해서는 안 된다. 그것이 내세워지게 된 배경과 동기, 그것을 내세우는 사람이나 집단의 속성과 의도, 그것이 현실에 실현되었을 때 초래될 결과, 구체적으로 그로 인해서 누가 새롭게 권위를 독점하거나 기존의 권리를 부당하게 박탈당하지는 않는가 등을 세심하게 따져 보지 않으면 안 될 것이다. 더 나아가 묘청 세력의 주장과 거사가 왕조와 국민들을 위한 충정에서 나온 것이었다고 하더라도, 그 실현 가능성 여부는 또 다른 문제이다. 그들의 주장이 당시 고려의 총체적 국력과 국제 정세에 비추어 실현 가능성이 없는 것이었다면, 그것은 허구적 정책이요 동시대인들에 대한 기만이 되고 만다.

3장
김부식, 정치가와 역사가

1. 정치 현실과 관료의 길

　김부식은 문종 29년(1075) 경주에서 출생하였다. 그리고 의종 5년(1151)에 사망하여 인종묘에 배향되었다. 고려 전기사회의 난숙함이 절정에 달하여 퇴락의 단서가 무르익을 무렵부터 그 응축된 모순이 대 파국을 목전에 둔 시기까지를 관료이자 정치가로 살아온 셈이다. 특히 인종 대에 최고의 실력자 가운데 하나였던 그로서는 현실 모순과 예고된 파국의 책임으로부터 결코 자유로울 수 없다. 더구나 그가 진압 총책으로 잠재운 서경 세력의 세계관은 본질적으로

12세기 고려사회를 지배한 가장 강력한 조류의 하나였다고 할 수 있다. 여기에 그의 삶과 활동이 단순한 개인의 영욕에 그칠 수 없는 까닭이 있으며, 『삼국사기』를 이해할 때 그의 삶에 대한 조망이 동반되어야 할 당위가 있다.

김부식의 증조부 김위영金魏英은 고려 태조가 신라 경순왕의 귀부를 계기로 경주를 두었을 때 그 주장州長으로 임명된 인물이다. 그의 집안은 신라의 주요 지배가문이었던 것이다. 아버지 김근金覲은 과거에 합격하여 출사하였고, 일찍이 문종 대에 박인량朴寅亮과 함께 입송한 경험이 있다. 이때 두 사람의 시문은 송나라 사람들의 칭예를 받아 『소화집小華集』이라는 이름으로 간행되었다. 김근이 당시 송의 문장가였던 소철蘇轍과 소식蘇軾 형제를 모방하여 김부식과 김부철 형제의 이름을 짓게 된 유래는 이 경험에서 비롯되었을 것이다.

아래의 글은 소순蘇洵이 그의 두 아들의 이름을 짓게 된 소회를 담은 「명이자설名二子說」이다.

바퀴, 바큇살, 수레 덮개, 수레 뒤턱 따위는 모두 수레에서 맡은 직분이 있으나 수레 앞턱 횡목[軾]만은 홀로 하는 바가 없는 듯하다. 비록 그러하나 식軾을 없애고서야 완전한 수레가 될 수 없는 것이다. 식아! 나는 네가 겉치레를 하지 않을까 두려워하노라. 천하의 수레가 바퀴 자국[轍]을 따르지 않음이 없으나 수레의 공로를 말할 때에 바퀴 자국은 참여되지 않는다. 비록 그러하나 수레가 넘어지고 말이 죽더라도 환란이 바퀴 자국에는 미치지 않으니, 이 바퀴 자국이란 화와 복의 중간인 것이다. 철아! 나는 네가 화를 면할 줄을 아노라.

'식'은 수레를 타고 가던 사람이 누군가를 조우하여 일어나 읍례揖禮를 할 때 몸의 중심을 잃지 않기 위해 가볍게 손을 갖다 대는 횡목이다. 설령 이 가로막이 나무가 없다 하더라도 운송 수단으로서 수레의 기능에는 아무런 흠결이 없다. 그러므로 보기에 따라서는 '식'이 한낱 겉치레로 여겨질 수도 있다. 그러나 기능적 요소로는 사소해 보일지라도 '식'이 갖추어져야 비로소 온전한 수레의 구실을 할 수 있다. 그것은 있으나마나한 존재처럼 보이지만 없어서는 안 되는 것이다. 지나치게 염결하여 겉치레에 급급한 세속과 부합하지 못하는 고단한 삶을 염려하면서도, 아들이 장차 출중하게 청렴하고 고고할 것을 바라는 아버지의 역설로 읽힌다.

김부식이 50세를 앞둔 시점(1123)에 고려를 방문한 송의 서긍徐兢이 귀국 후 그의 견문을 담아 『선화봉사고려도경宣和奉使高麗圖經』으로 엮어 간행하였다. 이 책은 고려의 여러 부문을 그림과 함께 전하여 귀중한 당대 자료로 평가된다. 그 가운데 고려의 중요 인물을 소개하는 대목에서 김부식 형제에 대한 설명이 나온다.

김부식은 풍만한 얼굴과 헌걸찬 체구에 얼굴이 검고 눈이 튀어나왔다. 그러나 널리 배우고 기억력이 대단하여 글을 잘 짓고 고금의 일에 밝아, 학문하는 이들로부터 신복을 받는 것이 그보다 앞설 사람이 없다. 그의 아우 부철 또한 시를 잘한다는 명성이 있다. 일찍이 그들 형제의 이름 지은 뜻을 넌지시 물어 보았는데, 대개 사모하는 바가 있었다 한다. (『선화봉사고려도경』 8 인물)

김부식은 숙종 초년 과거에 합격하였다. 두 형인 부필富
弼과 부일富佾은 물론 아우 부철까지 네 형제가 모두 과거에
합격하였다. 그들의 어머니는 명민한 아들들로 인해 국가
로부터 매 해 40석의 쌀을 지급받는 영예를 누렸다. 특히
김부식과 김부철은 아버지 김근의 여망대로 송나라에까지
문명文名을 날렸다. 김부식은 모두 세 차례에 걸쳐 입송하였
는데, 잦은 송 문화에의 경험은 국제적 지식인으로서의 감
각을 배양하는 데 기여하였을 것이다.

송 문화의 접촉에서 받은 영향 가운데『삼국사기』편찬과
관련해서는 고문체古文體의 습득을 지적해야 할 것 같다. 당
말과 오대五代의 혼란을 거친 송에서는 정치·경제·문화·
사회 등 각 방면에서 개혁이 추진되었다. 중국의 역대 개혁
이란 늘 옛 것에서 모범을 구하여 복고적인 경향이 강하였
다. 송대의 고문 부흥 운동 역시 예외가 아니다. 고문 부흥
운동은『신당서』를 수찬한 송기宋祁와 구양수歐陽修가 주도하
여 보편화되었다.『삼국사기』에『신당서』의 문장이 빈번하
게 인용된 데에는 김부식의 이와 같은 경륜이 배경을 이루
고 있다.

앞에서 말한 바와 같이, 금과의 외교 현안을 둘러싼 논의에서 김부식 형제의 노선은 점차 조정의 중론을 장악해 갔다. 요의 패멸과 금의 성공은 두 유목 제국에 대한 김부식의 전망이 옳았음을 입증하는 것이라 그의 정치적 위상은 빠르게 신장되었다. 그는 남송시대에 해당하는 인종 대에 더욱 대금 외교의 주도를 확실히 하면서 재신宰臣으로서 주요 관직을 겸임하였다. 또 한편으로는 과거의 지공거知貢擧로서 뒷날 『삼국사기』를 편찬할 때 그를 도와 참여하게 되는 박동주朴東柱 등을 발탁하는 등, 그의 측근이라 할 만한 인맥도 형성해 간 것 같다.

1135년 정월, 김부식은 서경 진압군의 총책이 되어 그의 아우 김부의金富儀(부의는 부철의 고친 이름)와 함께 출정하였다. 그는 출정에 앞서 여러 재상들의 동의를 이끌어 내 정지상·김안·백수한을 처형하였다. 당시 정지상의 죽음에 대해 그가 평소 김부식과 문장으로 명망을 겨루었던 탓으로 여기는 사람들이 있었다.

그러나 처형당한 이들은 실제로 대표적인 서경 정치세력들이었다. 비록 개경에 있던 그들이 반란을 직접 주도한 것은 아니라 할지라도 정지상은 묘청과 묘청의 제자 백수한과 함께 서경의 세 성인으로 불렸던 이다. 저 비현실적 금국정벌론 또한 묘청에 앞서 이미 10여 년 전에 정지상 일파에 의해 주장되었다. 그렇다면 고려와 조선의 식자들이 정지상의 탁월한 시재를 기려 그의 죽음을 안타까워하는 것과, 서경 인사들의 무모한 책동과 협착한 정치적 식견은 분별하는 게 옳을 것이다.

어쨌든 김부식의 처지는 간단치 않았다. 김부식의 보좌역으로 출정군에 편제되어 있던 윤언이尹彦頤를 비롯한 지휘부 안에서조차도 김부식의 작전을 비판하고 제어하였다. 게다가 항복을 청하는 서경 측의 일행과 그들을 인도해 간 김부식의 막료가 개경에서 배척됨으로써 사태의 조기 무마에 차질이 생겼다. 윤언이를 비롯한 막하의 여러 장수들은 누차 김부식의 지구전에 반대하였고, 김부식에 우호적이지 않은 개경의 신료들 가운데서도 속전을 독촉하는 논의가 끊이지 않았다. 거듭되는 논란 가운데 1년을 넘긴 지구전에서 승리한 김부식이 왕에게 올린 글의 한 대목을 본다.

왕의 군사는 정벌을 할 뿐 더불어 다투지 아니하며, 하늘의 위엄이 미치는 곳은 그날로 곧 믿음을 가지고 따르는 것입니다. 제가 듣자오니 광무제光武帝가 외효隗囂를 정벌하여 3년 만에야 평정하였고, 덕종德宗이 이희열李希烈을 토벌하는 데는 4년이 걸렸다 합니다. 어리석고 보잘것없는 간흉배들이 우리 성읍을 차지하였으니 그 죄행은 이미 흉악한 짐승보다도 더하고 그 악행 역시 산더미처럼 쌓였거니와, 오직 폐하의 밝으신 계책에는 실수가 없는지라 만 1년이 되어 이처럼 이기게 되었나이다. … 저희들은 전하의 밝은 계책을 직접 받들고 출동하여 군율을 관장하였으며 성스러운 신령의 조화에 힘입어 삼가 결단하였던 것이오니, 장수로서의 재능에서 비롯된 것이 아닌데다가 신속하게 처리하지 못한 것이 부끄럽사옵니다. (『동문선』 44 「평서경헌첩표平西京獻捷表」)

김부식은 자신이 평정한 서경의 일파를 외효와 이희열에 비겼다. 외효는 후한 초기 군웅의 하나로서 왕망王莽 말기에 농서隴西 일대를 본거지로 삼아 할거하다가 광무제에게 패멸 당하였다. 당나라의 절도사였던 이희열도 덕종 때 모반하여 황제를 자칭하고 국호를 초楚라고 하였으나 뒤에 부하에게 독살되고 말았다. 한과 당의 사례를 들어 짐짓 1년이라는 평정 과정이 그다지 천연되지 않았음을 드러내고자 한 것이다.

이제 김부식과 대립하였던 정치 세력의 퇴조는 불가피해졌다. 개경에서는 간관이 서경 평정 과정에서 김부식을 비판했던 인사들을 탄핵하여 좌천시켰다. 그리고 왕은 김부식을 수충정난정국공신輸忠定難靖國功臣으로 책봉하였다. 김부식은 이제 검교태보·수태위·문하시중·판상서이부사檢校太保·守太尉·門下侍中·判尙書吏部事로서 최고의 권력 수반에 달하였다.

2. 현실 대안의 모색과 충돌

서경 평정군이 개경으로 개선한 직후, 김부식의 지지자들은 정지상과 교분했다는 이유로 윤언이를 탄핵하였다. 윤언이는 동북방 여진 정벌로 저명한 윤관의 아들이자, 김부식과는 현실 정치 현상에 대한 인식과 대안에서 예리하게 어긋나고 있었다. 정지상의 경우와 유사하게 두 사람의 갈등이 사적 원혐에서 발단하였다고 보는 시선들이 있었다. 즉 애초 윤관이 작성한 대각국사大覺國師 의천義天의 비문 내용에 대해 국사의 문도들이 이의를 제기하자 인종은 김부식에게 비문을 다시 짓게 한 일이 있다.

당시 윤관은 상부相府에 있었으니 예의상 김부식이 일단 사양할 일이었으나 그러지 않고 그대로 짓고 말았다. 그런 까닭에 윤언이가 내심으로 분한을 품고 있었다. 하루는 왕이 국자감에 가서 김부식에게 『주역』을 강의시키고 윤언이에게는 질문을 하게 하였다. 윤언이는 자못 『주역』에 정통하였던 터라, 이모저모로 따지고 드니 김부식이 대답하기 곤란하여 이마에 진땀을 흘린 적이 있었다. 그러다가 이번에 윤언이가 김부식의 부하로 임명되자 김부식이 왕에게 "윤언이는 정지상과 깊은 연계를 맺고 있으니 그의 죄를 용서할 수 없습니다"라고 하므로, 윤언이는 양주방어梁州防禦로 강직되었다.

(『고려사』 96 열전 9 윤언이전)

두 사람의 속내야 단정할 도리가 없으나, 둘은 확실히 부합하지 못하였다. 다만 그들의 대립은 호사가들의 설명과는 달리 시대의 지적 조류와 정책적 지향과 관련된 문제였다. 그것은 당시 고려 왕조의 정치 현실에 대한 진단과 대안의 문제였다.

1140년(인종 18) 인종은 윤언이에게 사면령을 내렸다. 서경이 진압된 지 4년 만이다. 윤언이는 자기변호에서 그가 한때 묘청 등의 건원론을 포함한 일부 주장에 동조했던 것을 시인하였다. 그러나 왕 이하 관료들은 이미 묘청에게서 입은 충격을 상당히 극복하고 있었다. 더구나 서경 세력의 주장은 그 실현가능성 여하에 주의하지 않는다면 애초에 비난할 명분이 없었던 것이다. 윤언이가 인종에게 올린 표문의 주장을 들어 본다.

연호를 세우자 한 (신의) 요청은 임금을 높이려는 정성에 근본을 둔 것이니 우리 조정에서는 태조와 광종光宗의 옛일이 있사옵고, 옛 문건들을 살펴보건대 비록 신라와 발해가 그러하였으나 대국이 일찍이 군사를 내지 않았으며 소국이 감히

과실이라고 논의하지 않았거늘, 어찌하여 이 성세에 도리어 참람한 행동이라고 하겠나이까. 신이 일찍이 이를 의논하였으니 이것이 죄라면 죄이오나 저 (정지상과) 결탁하여 죽기로 무리를 지어 금나라를 격노케 하였다 함과 같은 것은, 말은 비록 심히 크나 본말이 서로 맞지 않사옵니다. … (『고려사』 96 열전 9 윤언이전 및 『동문선』 35 「광주사상표廣州謝上表」)

윤언이의 주장에는 몇 가지 중요한 단서들이 있다. 일단 발언의 요지는 그 자신을 탄핵한 자들의 주장이 무고라는 것이다. 연호를 세우자는 주장은 우리 임금을 높이자는 충정인바, 고려 왕조와 전대 왕조들의 전례를 들어 설득력을 높이고 있다. 실제 태조는 즉위하면서 천수天授라는 연호를 제정하였으며, 광종도 광덕光德과 준풍峻豐이라는 연호를 사용하였다. 주의할 것은 당시 독자적인 연호 사용 문제를 두고 찬반의 진영이 나뉘어 갈등하고 있는 터에 창업주 태조의 행위를 끌어대고 있다는 점이다. 자칫 태조가 비판의 과녁이 될 수도 있는 위험한 전략이다. 그만큼 윤언이는 자신의 정당성을 입증하기 위해 절박하였다고 볼 만한 대목이다.

다음은 역사적 전례로 신라와 발해를 드는 데 그치고 고구려는 거론하지 않았다는 데 있다. 잘 알려져 있는 것처럼 고구려가 한동안 독자적인 연호를 사용하였다는 사실은 저명한 광개토왕비문의 연호 '영락永樂'으로도 입증된다. 그러므로 윤언이를 포함한 당시 지식인들은 고구려가 연호를 제정해 썼다는 사실을 몰랐던 게 틀림없다. 이 점은 김부식이 신라 출신 관료라서 고구려의 연호 사용 사실을 의도적으로 은폐하였을 것이라는 일부의 의혹 제기에 대한 온건한 대답이 된다.

아울러 당시의 지식인들은 신라와 함께 발해를 고려 왕조의 전대 왕조 가운데 하나로, 즉 고려의 역사적 바탕으로 여기고 있었음을 알 수 있다. 비록 『삼국사기』에 발해의 역사가 배제되어 있고, 그로 인해 『삼국유사』를 비롯한 이후의 문헌에 오랫동안 발해사가 정당한 위상을 누리지 못하였지만, 적어도 12세기 고려인들은 발해사를 자국사의 토대로 여기고 있었던 것이다. 그렇다면 『삼국사기』가 오직 신라와 고구려와 백제의 역사만으로 구성된 데에는 무엇인가 발해에 대한 '배제의 논리'가 개입하였기 때문일 것이다. 그리고 향후 이 점은 『삼국사기』를 향한 비판의 중심 요소가 된다.

그러나 윤언이의 정치적 좌천과 복귀의 부침 과정은 겉으로 드러난 것과 같은 연호 제정 문제가 본질은 아니다. 윤언이의 묘지墓誌에 의하면, 그는 앞서 1133년에 인종에게 「만언서萬言書」라는 글을 제출한 바 있다. 본래 「만언서」는 북송의 왕안석王安石이 그의 개혁 이념을 담아 1058년에 송의 인종에게 올린 문건이었다. 왕안석은 신종 즉위 초부터 한림학사겸시강翰林學士兼侍講이 되어 본격적인 개혁 정책을 선도하였다. 그는 실로 중국 역사상 가장 급진적인 정치가로서 청묘법青苗法, 면역법免役法, 보갑법保甲法, 시역법市易法 등 이른바 '신법新法'으로 통칭되는 일련의 개혁적 시책을 주도한 인물이다.

왕안석의 개혁 이념이 담긴 「만언서」라는 글을 같은 제목으로 윤언이가 작성해 왕에게 제출하였다는 사실은 매우 의미심장하다. 필시 윤언이는 고려의 정치 현실에 대한 진단과 대안의 모색에서 왕안석의 전례에 공감하였을 것이다. 바꿔 말해 고려 중기의 제도 개혁론자들은 왕안석의 신법을 모델로 삼았다고 판단한다.

요컨대 12세기 전반의 고려 지식 관료들은 왕조의 모순을 포착하는 데 둔감하지 않았다. 문제는 왕조 내부에 번져 가는 퇴영의 그림자를 어떻게 떨쳐 버릴 것인가와 좁혀 들어오는 파국의 전조에 어떻게 대처할 것인가에 있다. 왕위 계승권을 염두에 둔 왕제들의 거듭된 살육을 포함하여 현실 모순에 대한 다양한 대안은 크게 두 가지로 압축되었다. 그 하나를 제도 개혁론이라고 한다면, 다른 한편에서는 정치 제도의 개혁보다는 훼손된 제도 본연의 정신을 회복해 운영하는 것이 중요하다고 보았을 뿐이다. 묘청 등이 추진한 서경으로의 천도 주장은 제도 개혁론의 극단적 표출이었다. 도참사상에 근거한 그들의 주장은 당대의 강력한 사조의 하나로서, 종국적으로는 기존 정치 질서가 토대로 삼고 있는 유교적 세계관에 대한 회의와 부정을 의미한다.

윤언이를 탄핵한 측에서는 그를 서경의 일당으로 몰아댔다. 그러나 윤언이가 제도 개혁론의 중심에 있었다는 사실이 문제의 핵심이었다. 쉽게 짐작할 수 있듯이, 서경을 토평한 김부식은 제도의 전면적 개혁이 현실 모순의 해결책이라고 보지 않았다. 모든 제도는 합목적적 형태와 건강한 취지를 표방하며 출발한다. 현실의 변화는 물론 제도의 개혁을 요구한다. 다만 어떤 제도든 본래의 건강한 철학이 옳게 구현되느냐 못 되느냐의 가름은 상당 부분 운용하는 사람들의 손에 달려 있다는 것을 부정할 수 없다. 이를 '제도 회복론'이라고 표현할 수 있다면, 그 중심에는 김부식이 있었던 셈이다.

상이한 대안의 충돌은 시대 모순을 해결하는 데 그리 큰 도움이 되지 못하였다. 대개 하나의 대안이 득세할 때 반대편의 견해는 잠복해 있을 뿐 완전히 포기되지는 않았다. 예컨대 앞에서 보았던 것처럼, 연호 제정에 관한 윤언이의 주장은 과감한 것이었고 역사적으로도 타당하였다. 윤언이를 비롯한 일단의 반 김부식 정파는 머지않아 중앙 정계로 복귀하였다. 불과 4년 만에 김부식은 정치적으로 수세에 처하였다.

마침내 김부식은 1142년(인종 20) 모든 관직에서 물러났다. 왕은 자신의 치세 동안 무엇보다도 왕권을 위해 헌신하였던 신하에게 많은 예우와 위로를 베풀었다. 그로부터 3년 뒤 김부식은 『삼국사기』 편찬을 마쳤다. 인종 사후 그는 다시 『인종실록』 수찬을 주재하였다. 요·금의 교체와 이자겸이나 묘청 등과 관련된 고려 사회의 가장 격렬한 내외의 정치적 위기를 목도하고 직접 현장의 중심에서 왕조 질서를 위해 진력한 정치가는 1151년(의종 5) 2월 마침내 77세의 나이로 죽었다. '정적' 윤언이는 그보다 2년 앞서서 죽었다.

의종은 묘청 사건 관련자에 대한 완전한 사면 조치를 단행하였다. 이제 고려는 서경 전역의 상처를 다 극복한 듯하였다. 그러나 판단은 용이하지 않다. 어떤 대안이 현실에 대한 과학적 분석과 여기에 필요한 실천력을 지녔던가 하는 질문은 매우 어려운 숙제로 남겨졌다. 이 모색의 시기를 주도하였던 당사자들이 다 무대에서 사라진 얼마 후, 1170년(의종 24)에 무신정권이 수립되었기 때문이다. 김부식이든 윤언이든, 그 어떤 대안에서도 무신정권을 염두에 두지는 않았던 것이다.

3. 좌절, 그리고 절제된 항의

윤언이는 고려의 왕안석을 자임하였다. 북송에서 왕안석의 대척점에는 사마광司馬光이 있었다. 사마광은 왕안석 등의 신법론에 대해, 정치제도의 변화보다는 기존의 제도, 즉 '구법舊法'을 잘 운영하는 것이 중요하다고 보았다. 이미 말한 바와 같이 그것은 김부식의 생각과 다르지 않다.

북송의 저명한 개혁론자인 왕안석과 그의 대척점에 서는 사마광을 위시로 한 정치 세력 간의 부침이 얼마 뒤 고려에서 반복되었다는 점은 상당히 인상적이다. 물론 전통시대 한국과 중국의 문화적·지적 교류를 감안할 때, 북송과 고려의 정치 현상이 비슷하게 전개되었던 것은 그다지 새삼스러운 일이 아니다. 고려 지식인들의 사유는 아마 북송의 그것을 모델로 하였음이 틀림없다. 고대 말에 당과 삼국이 무력적 대국주의라는 공세적 대안을 공유하였던 것처럼, 송과 고려가 같은 시기에 현실 제도와 그 운영의 여러 부면에 대한 반성과 대안 모색에 주력한 것은, 동북아시아 단위 역사 전개의 보편성을 증거하는 실례일 것이다.

이미 말한 바와 같이 김부식은 12세기 고려 사회가 당면한 현실 타개의 대안 모색에서 윤언이 등으로 대표되는 제도 개혁론에 맞서 있다. 윤언이가 왕안석의 「만언서」를 빌려 자신의 정치적 지향을 압축한 반면, 김부식은 인종에게 사마광의 「유표遺表」를 강의하면서 적극적으로 사마광을 변호하였다.

왕이 한번은 김부식을 불러 술을 내리고 사마광의 「유표」와 「훈검문訓儉文」을 읽게 하시더니 오랫동안 감탄하고 탄미하신 뒤에 "사마광의 충성과 의리가 이와 같거늘 당시 사람들이 그를 일러 간사한 무리라고 한 것은 무슨 까닭인가?"라고 물었다. 김부식이 대답하기를 "왕안석과 더불어 서로 견딜 수 없었을 뿐, 실상은 죄가 없사옵니다"라고 하니, 왕이 이르기를 "송나라가 망한 것은 반드시 여기에서 유래한 것이라 하지 않을 수 없다"라고 하였다. (『고려사』 98 열전 11 김부식전)

인종은 사마광이 간사한 무리[姦黨]라고 들었다 한다. 그러나 김부식은 사마광의 잘못이 아니라고 한다. 북송에서는 왕안석이 '신법' 개혁을 추진하면서 '구법'의 영수 사마광과 운명적 대결을 거듭하였다. 두 사람의 명암은 그 지지자들에게 대를 이어 재연되었다. 왕안석의 신법이 본격적으로 강행되자 퇴관을 자청한 사마광은 15년여 동안 낙양洛陽(지금의 허난성 뤄양)에 은거해 『자치통감資治通鑑』의 편찬에 몰두하였다.

가만히 생각해 보면 고려 인종의 강독 자료로 「유표」가 선택된 데는 이미 김부식의 의도가 개입해 있었을지도 모른다. 사마광의 「유표」는 1082년 가을에, 그 자신의 사후 신종에게 올릴 의도에서 작성되었다. 사마광은 스스로 목전에 죽음을 예감하고 「유표」를 작성하였다. 거기에는 무엇보다도 왕안석의 신법 개혁에 대한 격렬한 비판과 함께 자신의 충정이 황제에게 제대로 받아들여지지 않는 데 대한 좌절감과 울분이 절절히 스며 있다.

… (왕안석은) 자기와 같이 하는 자에게는 기뻐하고 자기와 다른 자에게는 성내며 (그가) 기뻐하는 자의 경우는 몇 년 사이에 이끌어 청운(의 관직)에 올리지만 (그가) 성내는 자의 경

우는 축출하고 배척하여 종신토록 초야에 빠뜨려 두니, 무릇 사람의 성정이 누구나 부귀함을 좋아하고 형벌과 재앙을 두려워하는지라, 이에 충직한 자는 멀리 물려지고 간사하고 아첨하는 무리만 다투어 나아와 심복과 우익이 되어 작록을 구하고 이익을 훔치게 되었으며, 마침내 중앙과 지방의 권세 있는 요직마다 그와 한통속인 사람이 아니고는 처신할 수가 없습니다. (또한) 비판적 의견을 말하는 자를 깊이 미워하여 원수(에게 하는 것)보다도 더하고 비방의 말을 엄하게 금지하여 도적(에게 하는 것)보다도 심하게 합니다. 그러한 후에 자기의 흉중을 드러내어 옛 제도와 법규를 고쳐 어지럽히고 해로움을 일으키고 이로움을 없애며 옳은 것을 버리고 그릇된 것을 취합니다. … (『전가집傳家集』 17 「유표」)

그러나 신종은 사마광보다 1년 앞서(1085) 죽었으므로, 「유표」는 그의 처음 의도대로 제출되지 못하였다. 왕안석에 대한 집요한 반론의 영수 사마광의 「유표」가 김부식에 의해 주목되는 현상은 적지 않은 의미를 갖는다. 김부식 등은 개혁론자들의 이른바 '신법'을 비판하였으며, '지켜 잃지 않아야 할 것'으로 '조종의 법[祖宗之法]'의 고수를 주장하였다. 그것은 곧 사마광이 지키고자 한 '옛 제도와 법규[舊章]'에 다름 아니다. 아마 김부식은 사마광의 현실 인식에 동의하였던 것이며, 고려의 사마광을 자처했다고 짐작한다.

이처럼 김부식 당시의 고려 지식인들 사이에는 왕안석과 사마광의 신법 파동의 추이가 익히 알려져 있었다. 신법론자 윤언이의 복권을 만나 스스로 정계로부터의 퇴출을 결정한 김부식과 뒤이은 『삼국사기』 편찬은 사마광과 그의 『자치통감』을 환기시킨다. 『자치통감』은 신종의 죽음에 4개월 앞서 받들어 올려졌다. 공교롭게도 고려의 인종 역시 『삼국사기』가 진상된 후 두 달 만에 승하하였다.

숙종 대 별무반[別武班]의 운영과 화폐 정책이 왕안석의 신법 개혁을 염두에 둔 것이었듯이, 김부식은 또한 『자치통감』 자체뿐 아니라 그에 반영된 사마광의 의도를 바로 보고 있었을 것이다. 『자치통감』의 편찬 시기는 신법의 강행 시기와 거의 일치한다. 따라서 사마광의 신법에 대한 불신이 『자치통감』에 어떤 형태로든 반영되었을 것은 자명하다. 아마 김부식은 『삼국사기』 편찬과 특히 그 사론[史論]을 통해 말하고자 하였던바, 그리고 그 방법에서도 사마광의 『자치통감』을 또 하나의 전범으로 삼았을 것이다. 사실상의 퇴출을 강요당한 김부식이 『삼국사기』에서 자신의 충의와 정당함을 토로할 공간을 발견한 것은 매우 자연스러운 귀결이었을 것이기 때문이다.

물론 김부식이 사마광을 스스로의 모범으로 삼았다 하여 『삼국사기』가 『자치통감』의 질과 양을 온전하게 겨냥하였다는 의미는 아니다. 무엇보다도 고려 사회에 축적된 지적 토대가 『자치통감』의 세계를 충분히 내재화할 만큼 성숙하지는 못하였다. 김부식은 다만 정치가 사마광의 현실 인식 및 대안에 동의하였던 것이며, 역사가 사마광이 『자치통감』 편찬을 통해 토로하고자 했던 바에 공감하였던 것이다. 그 단서로서, 김부식이 작성한 사론 가운데 「유표」의 논리 근거와 매우 유사한 대목을 찾아본다.

좋은 약은 입에 쓰나 병에는 이로우며 충신의 말은 귀에 거슬리나 행동에는 이로운 것이다. 이 때문에 옛날의 밝은 임금들은 자기를 비우고 정사를 물었으며 얼굴을 부드럽게 하여 간언을 받아들이면서 오히려 사람들이 말하지 않을 것을 두려워하여 감간敢諫의 북을 걸어 두고 비방誹謗의 나무를 세워 마지않았던 것이다. 지금 모대왕牟大王은 간하는 글을 올려도 살피지 않고 게다가 문을 닫고 거부하였으니, 『장자』에서 "허물을 알고도 고치지 않으며 간하는 말을 듣고도 더욱 심한 것을 강퍅하다狠고 한다"라고 한 것은 아마도 모대왕을 이르는 말일진저! (『삼국사기』 백제본기 4 동성왕 22년)

인용한 글 가운데 모대왕은 백제의 동성왕東城王을 이른다. 동성왕의 치세 후반에 여러 재해가 거듭되었다. 국가가 참혹한 기근과 역병을 방치하니 주민들이 국외로 이탈하는 사태까지 발생하였다. 그럼에도 불구하고 동성왕은 대규모 토목 사업과 호사스러운 조경 공사를 강행하였다. 신하들이 항의하는 글을 올려도 답하지 않고 급기야 궁궐의 문을 닫아걸어 버렸다.

김부식은 동성왕이 신료의 비판을 원천적으로 차단해 버린 점을 신랄하게 비판하였다. '감간의 북'과 '비방의 나무'는 요임금과 순임금의 고사로서, 조정의 문 밖에 북을 매달아 두어 백성들이 신원할 일이 있을 때 이를 쳐서 알리게 하고, 큰 나무를 거리에 세워 놓고 백성들에게 정치의 득실을 쓰게 해 반성했다 한다. 특히 『장자』를 인용한 대목은 "자기와 같은 사람은 용납하고 자기와 같지 않은 경우는 비록 착해도 착하지 않다 하는 것을 교만하다고 한다"라는 말로 이어지는바, 사마광의 「유표」에 흐르는 정서와 부합한다. 김부식은 사마광이 왕안석을 비판한 맥락을 동성왕에 적용한 것이다.

요컨대 고려의 인종과 의종은 물론 관료들은 서경 전역의 충격을 빠르게 회복하였다. 결과적으로 서경의 사단은 필연적으로 다가올 대파국의 미세한 표출에 불과하였으며, 김부식의 역할은 그를 미봉하였거나 천연시킨 데 지나지 않았다. 서경 전역의 연루자들은 속속 복권되었고, 그에 따라 김부식의 정치력은 훼손되었다. 이러한 배경에서 그는 백제 동성왕을 빌려 인종에게 항의하였다. 동성왕은 신하들의 항소에 대답하지 않았으며, 결국 신하에게 피살되고 말았다. 동성왕은 강퍅하고 교만하였던 것이다. 이 절제된 항의는 김부식의 좌절의 깊이를 반영하고 있다.

그림 3
김부식 표준 영정 (출처: 국립현대미술관)

정치가 김부식의 현실 인식과 대안은 이처럼『삼국사기』
라는 역사서 속에서 다시 변명의 마당을 확보하게 되었다.
이러한 맥락에서 볼 때,『삼국사기』는 단순히 전대 왕조의
역사를 정돈한 책에 그치는 것이 아니라 12세기 고려의 현
실을 토양으로 한 정치적 대안이기도 한 것이다. 이 점에서
북송의 사마광과 고려의 김부식은 시공을 뛰어넘어『자치
통감』과『삼국사기』를 매개로 공명하고 있다.

4장
『삼국사기』의 편찬

1. 「진삼국사기표進三國史記表」의 논리

  김부식은 1145년 12월 임술일에 『삼국사기』 편찬을 마치고 그 경위를 정리해 밝힌 표문을 인종에게 올렸다. 「진삼국사기표」로 알려진 이 글에 의하면 『삼국사기』의 편찬은 애초에 인종의 명에서 비롯했다고 한다. 그러나 왕조의 국책 사업인 이상 그것들은 본질적으로 군주의 발의와 하명의 외양을 지니는 것이므로, 이 표문을 쓴 김부식과 이 표문을 가납한 인종 사이에서 『삼국사기』 편찬의 발단을 분별하는 것 자체는 별반 실제적 의미가 없는 것인지도 모른다. 그 전문을 옮겨 본다.

신 부식은 아뢰나이다. 옛날 여러 나라들은 제각기 사관을 두어 일을 기록하였으니, 맹자께서도 "진晉의 『사승史乘』과 초楚의 『도올檮杌』과 노魯의 『춘추春秋』가 모두 한가지이다"라고 하셨습니다. 생각하옵건대 우리 해동海東의 삼국은 나라를 세워 지나온 자취가 장구하와, 마땅히 그 사실들이 서책에 드러나 있어야 할 것입니다. 이에 폐하께서는 늙은 저에게 편집을 하명하셨사옵니다. 그러나 신이 스스로를 헤아려 보매 모자랄 뿐인지라, 어찌할 바를 모르겠더이다. 엎드려 헤아려 보건대, 성상 폐하께서는 요임금의 문사文思를 타고나시고 우임금의 근검을 본받으사 새벽에 일어나 밤늦게까지 정사를 돌보시는 사이에도 널리 옛일을 섭렵하시어 신에게 이르셨나이다.

"오늘날 학사들과 대부들이 오경五經이나 제자諸子의 서책과 진·한 시대 이래의 역대 중국 사서에는 간혹 넓게 통달해 자세히 말하는 이가 있지만, 우리나라의 일에 이르러서는 갑자기 망연해져서 그 시말을 알지 못하니 매우 한탄할 일이다.

하물며 저 신라와 고구려와 백제는 나라의 기업을 열고 솥의 세 발처럼 서서 예로써 중국과 교통할 수 있었기 때문에, 범엽范曄의 『한서』와 송기宋祁의 『당서』에는 모두 삼국의 열전이 실려 있는 것이다. 그러나 그 경우 중국의 일은 자세히 하고 외국의 일은 간략히 하여, 삼국의 사실이 다 갖추어 실리지 못하였다. 또한 『고기古記』는 문자가 거칠고 졸렬하며 사적이 빠지고 없어져서, 군후의 선악과 신하의 충사와 나라의 안위와 인민의 치란을 다 드러내어 권계로 드리우지 못한다. 이제 마땅히 박식하고 뛰어난 재사를 얻어 일가의 역사를 이루어 만세에 전해 해와 별처럼 밝게 할 일이다."

하오나 신과 같은 이는 본래 뛰어난 재사가 아니옵고 더구나 깊은 식견도 없사오며, 나이를 먹어 감에 정신은 날로 더욱 혼몽해져서 책을 읽는 것은 비록 부지런히 하오나 덮으면 곧 잊어버리옵고, 붓을 잡은 손에 힘이 없어 종이를 마주하여 써 내려가기가 힘드옵니다. 신의 학술이란 것이 굼뜨고 얕기가 이와 같은데 지난 성현들의 말씀과 옛 일들은 깊고 어두운 것이 저와 같사오니, 이 때문에 정성과 역량을 다해 겨우 책을 이루게 되었으나 종내 볼 만한 것이 없어 오직 스스로

부끄러울 따름입니다. 엎드려 바라옵건대 성상 폐하께서는 멋대로 추려 재단한 점을 용서해 주시고, 함부로 지은 죄를 벗겨 주소서. (이 책이) 비록 명산에 비장할 만한 것은 아니오나 깨진 항아리에 바르는 일은 없기를 바라나이다. 제 구구한 망언을 하늘의 해가 비추고 있나이다. (『동인지문사륙東人之文四六』 10 및 『동문선』 44)

표문의 내용은 크게 세 단락으로 나뉜다. 첫 단락에서는 중국의 사서 편찬 선례를 들고, 그에 비견하여 고려의 전대 역사라 할 삼국의 역사를 편찬할 것을 인종이 김부식에게 하명하였다는 사실을 말한다. 둘째 단락에서는 그와 같은 연유에서 비롯한 편찬의 명을 인종의 직접 발언 형태로 환기한다. 마지막으로 셋째 단락에서는 왕명을 봉행한 주체로서 김부식 자신의 완곡한 자부를 숨기지 않은 채 편찬을 마쳤음을 아뢰고 있다.

표문의 서두에서 인용한 맹자의 발언, 즉 "진의 『사승』과 초의 『도올』과 노의 『춘추』가 모두 한가지"라고 한 대목은 『맹자』 이루離婁 하에 나오는 말이다. 진의 『사승』, 곧 『진승

^乘」은 춘추 시대 진의 역사를 기록한 책 이름이다. 『도올』
은 본래 악을 기록해 경계로 삼은 나무를 이르거니와, 춘추
시대 초나라 사서의 이름이다. 『춘추』는 춘추 말기에 공자
가 노나라 사관이 편찬한 『노춘추』와 주周 왕실 및 각국 사
관의 기재를 참고해 편수한 책의 이름으로 현존하는 최초
의 편년체 역사책인데, 노나라 은공隱公 원년부터 애공哀公
14년까지 242년의 역사를 담고 있다.

본격적인 『삼국사기』 편찬의 당위론은 둘째 단락에 인용
된 인종의 발언에 담겨 있다. 이는 외양상 인종의 생각이
지만, 필시 인종의 명을 빌린 김부식의 생각이기도 할 것이
다. 그 당위론은 크게 세 가지 영역에 걸쳐 개진되었다.

첫째는 당대 지식 관료의 문제다. 그들은 유학의 오경이
나 제자의 전적과 중국의 왕조사에 대해서는 숙달해 있으
면서, 정작 그들 자신의 역사에 대해서는 무지한 몰 주체적
처지에 빠져 있다 한다. 5경은 다섯 가지 경전으로서 『역
경』·『서경』·『시경』·『예기』·『춘추』를 가리키는 것이 한대
이후의 통설이다. 제자 역시 선진시대 학자와 그들의 책을
이른다. 사마천은 『사기』에서 음양가陰陽家·유가儒家·묵가墨

家·명가名家·법가法家·도가道家 등을 들었으며, 『한서』예문지藝文志에는 '제자십가'라 하여, 『사기』의 위 6가 외에 종횡가從橫家·농가農家·잡가雜家·소설가小說家를 포함하였다. 요컨대 고려 인종은 지식 관료들이 중국의 역사와 중국적 사유에는 익숙하면서도 정작 자국사에 대해서는 몽매한 현실을 개탄하였던 것이다.

둘째는 중국 역사서의 문제다. 왕이 거론한 남조 송의 범엽(398~445)은 문제文帝 원가元嘉 연간에 『후한서』 찬술을 시작하였고, 북송의 송기(998~1061)는 경력慶曆 연간에 인종仁宗의 명으로 『신당서』를 찬수할 때 간수관刊修官으로 참여하였다. 이들이 찬술한 동이전에는 신라와 고구려와 백제의 전기가 간략하게 수록되어 있다. 그러나 그것들은 본질적으로 중국 단대單代 왕조사의 부수물일 뿐이라, 삼국의 역사가 균형을 갖추고 정돈되지는 못하였다는 것이다.

마지막으로 고유 자료의 문제다. 중국의 역사책에 대비되는 고려 국내의 삼국 관련 역사물에 대한 비판인데, 김부식은 이를 『고기』라고 불렀다. 『고기』 문제는 다시 세 가지로 분석할 수 있다. 하나는 문체의 문제이고, 다른 하나는 사실 정보의 부족, 즉 내용의 문제이며 그러므로 나머지 하나는 당연히 역사책으로서 지녀 마땅한 효용성의 문제로 귀결되었다. 요컨대 당대 지식 관료들의 몰 주체적 행태, 중국 사서에 부수된 자국사 정보의 부실, 그리고 기왕의 삼국사 관련 고유 전승의 미비 등이 반듯한 역사서를 새롭게 편찬해야 할 당위적 요소였던 것이다.

그런데 이와 같은 『삼국사기』 편찬의 당위론, 특히 『고기』에 대한 분석적 비판은 『신당서』를 편찬한 북송의 지식인들이 『구당서』를 비판한 맥락과 매우 비슷한 것이었다. 『신당서』를 송의 인종에게 찬진해 올리는 증공량曾公亮의 「진당서표進唐書表」를 통해 이 점을 확인해 보기로 한다.

신 공량은 아뢰나이다. 가만히 생각건대 당이 천하를 차지한 지 거의 삼백 년이라, 그 인군과 신하의 일을 행한 처음과 끝에 치란과 흥망의 궤적이 연유한 바와 전장과 제도의 아름다움이 마땅히 서책에 찬연하게 드러나야 하거늘, 『구당서』는 서술의 순서에 원칙이 없고 자세하고 간략한 것에도 적합함을 잃었으며, 문장이 명료하지 않을 뿐만 아니라 사실 자체가 많이 결락되었습니다. 대개 다시 백오십여 년이 지난 후에야 가려진 부분을 드러내 보이고 빠져 없어진 부분을 채우며 잘못된 부분을 물리쳐 바로잡아 일가의 역사를 갖추어 만세에 전할 수 있게 되었으니, 그 이룸이 지극히 어려웠던 데에는 기다려야 할 만한 연유가 있었던 듯하옵니다. 신 공량이 엎드려 생각건대 황제 폐하께서는 순임금의 지혜를 가지고서도 묻기를 좋아하시고 우임금의 성명을 궁행하시면서 부지런함을 다하시니 천하는 화평하고 백성과 만물이 안락하거니와, 오히려 마음을 드리우고 정성을 모아 다스림의 요체를 구하시며 날마다 학문이 성숙한 대학자들과 육경을 강송하시어 전대의 옛일을 널리 살펴보시고 이르셨나이다.

"은나라와 주나라 이래 나라를 이룸이 장구한 것은 오직 한나라와 당나라요, 불행히도 오대에 이르러 말세의 선비들이 기력이 쇠약해지매 말은 조잡하고 생각은 비루하여 본연의 문장을 일으킬 수 없었으니, 밝은 군주와 어진 신하의 걸출한 공적과 성대한 위업, 그리고 뭇 혼미하고 포학한 통치자와 난신적자의 화란의 뿌리와 죄악의 발단 따위에서 모두 그 선악을 드러내어 사람들의 이목을 격동케 할 수 없었던바,

진실로 후세에 권계를 드리워 오래도록 보일 만한 것이 못 되는지라 매우 애석한 일이로다."

이윽고 가까운 신료의 발의에 연유하고 성상의 애쓰시는 마음에 부응하여 … 유학자들을 가려 아우르고 비부秘府에 소장된 자료들을 모아 토론케 하여 잘못을 바로잡고 고쳐 버릴 것과 취할 것을 정하여 무릇 17년 만에 225권을 찬성하였으니, 사실은 이전보다 늘었으나 문장은 옛 것보다 줄었나이다. 편명을 정하고 세목을 드러내는 데에는 고친 것도 있고 전례대로 한 것도 있으며, 열전을 세우고 사적을 기록함에 더하거나 덜함이 있으되, 의류義類와 범례는 모두 의거함이 있으니 그 강령과 조목은 두루 빠짐없이 별록에 갖추어 실었나이다. 신 공량이 일의 통솔을 관장하여 세월만 허비하고 진실로 대전大典을 완성하기에 역량이 모자라매, 밝으신 조칙을 받들자니 부끄럽고 두려워 진땀을 흘리며 허둥댐이 이를 데 없었나이다. 신 공량은 진실로 황송하고 두려워 거듭 머리를 조아려 삼가 아뢰나이다. 가우嘉祐 5년(1060) 6월. (『신당서』「진당서표」)

당조의 공식 사서인 (구)『당서』가 있음에도 불구하고 다시 (신)『당서』를 편찬해야 할 당위론은 역시 문체의 조악함, 사실의 결락, 효용성의 한계로 정리되었다. 한눈에도 김부식의 「진삼국사기표」는 증공량의 이 「진당서표」를 모델로 삼은 것임을 알 수 있다. 12세기 북송과 고려 지식인들 사이의 지적 교류 현황에 비추어 볼 때, 이것은 너무나 당연하고도 자연스러운 현상이다.

사실 『구당서』를 수찬하던 후진後晉 당시는 정치적으로 혼란한 시기였으므로 사료와 실록 등의 산실이 심하였고, 이를 수집하여 질서 있게 정리할 만한 문화적인 분위기나 시간적인 여유가 없었다. 그러나 새로 편찬된 『신당서』도 논란을 종식시키지는 못하였다. 『신당서』 편찬 직후부터 다시 이에 대한 비판이 일어났고, 양 『당서』 사이의 우열론이 발생하였다. 논의의 가장 첨예한 부분은 사료 선택에 있었다. 『구당서』가 주로 실록 등 관문서를 취한 데 반해, 『신당서』는 여기에 다양한 소설小說 · 일사逸事와 같은 자료들을 포섭하였다. 아울러 『구당서』가 사륙변려문 전성기의 사료를 그대로 채용한 반면, 『신당서』는 이를 모두 고문으로 고쳐 썼다. 당 중엽 유종원柳宗元과 한유韓愈를 중심으로 일어난 고문주의는 『신당서』를 수찬한 구양수와 송기에 의해 보편화되었던 것이다.

따라서 『삼국사기』의 사학사적 위상은 『신당서』에 비견될 수 있는 것이다. 같은 논리에서 『삼국사기』에 의해 비판적으로 극복 대상이 된 『고기』는 중국의 『구당서』와 같은 위상에 있다고 해야 한다. 다시 말해 특별한 반증이 없는 한 이른바 『고기』의 실체와 사서로서의 한계는 북송의 지식인들이 『구당서』에 대해 지녔던 비판적 인식과 크게 다르지 않다고 볼 수 있겠다. 게다가 『구당서』와 『신당서』는 모두 『삼국사기』 편찬 시에 처음 이용된 것으로 판단하지만, 『신당서』의 『구당서』에 대한 불만은 고문주의의 맥락에서 본다면 김부식도 공감하였을 법한 것이었다. 그러나 『삼국사기』의 실제 서술 내용을 따져 보면, 사료의 인용이나 저술 단계에서 『신당서』를 맹종한 것은 아니다.

한편 북송 지식인들의 성언처럼 과연 『신당서』가 『구당서』의 미흡함과 결함을 제대로 극복해 냈는가에 대한 판단은 간단한 문제가 아니다. 증공량은 「진당서표」에서 "사실

은 이전 책보다 늘어났고 문장은 옛 책보다 간략하게 되었
다"라고 자부하였으나, 다른 한편에서는 "첨가해야 할 것을
첨가하지 못하고 생략해야 할 것을 생략하지 못하였다"라
는 비판이 뒤따랐다. 오진吳縝은 『신당서규류新唐書糾謬』를 저
술하여 『신당서』의 오류를 조목조목 지적하였다. 『자치통
감』의 저자 사마광 역시 일반적 체재에서는 『신당서』를 따
랐으나, 구체적 사실들에서는 『신당서』보다 『구당서』를 많
이 채택하였다. 사마광의 정치적 입장과 행로는 김부식의
그것과 거의 같은 맥락에서 비교되는 측면이 많은 까닭에,
『자치통감』의 분위기는 『삼국사기』에 얼마간 영향을 주었
을 것으로 본다.

2. 『고기』와 『구삼국사』

김부식은 『삼국사기』에 선행하는 자료, 그러므로 『삼국
사기』 편찬에 의해 극복되어 마땅한 기왕의 삼국사 관련 문
헌 자료를 『고기』라고 불렀다. 그러나 『고기』는 본래 문자
그대로 '옛 기록'에 불과하다. 더구나 모든 기록은 기록 당

시에는 현재적 기록이다. 이 점에서 『고기』는 이미 그 자체가 고유한 서명일 수 없다. 그와 함께 『고기』는 『삼국사기』 편찬 시점에서 보아 상당한 시간을 거슬러 올라간 과거의 생산물로 여겨진다. 만약 특정한 서목이 있었다면 굳이 이를 『고기』로 지칭할 이유가 없었을 것이다. 이렇게 헤아려 보면, 삼국의 역사와 관련된 여러 문건들을 아울러 『고기』라는 이름으로 총칭했던 것 같다.

『삼국사기』에는 『고기』류 인용 대목이 24곳에서 확인된다. 그 가운데에는 일부 고유한 명칭을 가지고 있는 자료를 포함하여 '기존의 옛 기록'을 이르는 일반적 명칭으로서의 『고기』와, 『신라고기』처럼 국명을 관칭한 각 국별 『고기』, 즉 이른바 『본국고기』, 그리고 중국사서와 대교의 측면을 부각시키기 위해 우리 고유 자료의 총칭으로서 일컫은 『고기』 즉 『해동고기』나 『삼한고기』 등의 여러 용례가 있다. 『고기』는 또한 왕의 이름이나 훙거년薨去年 등 왕실 관련 분야의 사항들에 충분한 정보를 담고 있었다. 무엇보다도 『고기』를 인용하는 『삼국사기』 편찬자는 거의 일방적으로 『고기』를 신뢰하였다.

『후한서』에는 "안제安帝 건광建光 원년(121)에 고구려왕 궁宮이 죽고 그의 아들 수성遂成이 왕위에 올랐다. 현도태수 요광姚光이 건의하여 고구려의 국상을 틈타 군사를 발동해 치고 싶다 하자 의논하는 이들이 모두 수긍하였으나, 상서尙書 진충陳忠이 말하기를 '궁이 전날 교활하여 요광이 치지 못하였거니와 이제 그가 죽자 치자고 하는 것은 의롭지 않으니, 마땅히 사람을 보내 조문하고 그 계제에 지난 죄과를 나무라되 용서해 처벌하지는 마시어 그들이 허물을 고치고 착해지도록 하소서'라고 하매, 안제가 이 말을 따랐다. 이듬해에 수성이 한나라의 포로들을 돌려보냈다"라고 하였다. 그러나 『해동고기』를 살펴보면 "고구려 국조왕國祖王 고궁高宮은 후한 건무建武 29년(53) 계사에 왕위에 오르니 이때 나이가 7세라 국모國母가 섭정을 하였고, 효환제孝桓帝 본초本初 원년 병술(146)에 왕위를 친동생 수성에게 양위하니 이때 궁의 나이는 1백 세로 왕위에 있은 지 94년째였다"라고 한다. 그렇다면 건광 원년은 궁이 왕위에 있은 지 69년째가 되므로, 『한서』에 기록된 바와 『고기』가 어긋나 서로 부합하지 않으니, 아마 『한서』의 기록이 잘못인 듯하다. (『삼국사기』 고구려본기 3 태조대왕 94년)

위의 인용문은 고구려 국조왕, 즉 태조대왕과 그의 아우 수성 즉 차대왕次大王이 왕위를 교체하게 된 연대에 관한 고구려본기 찬자의 논의다. 서술자는 태조대왕이 사거하고 그의 아우 수성이 왕위를 계승한 해를 121년이라고 한『후한서』의 내용을 먼저 인용하였다. 이어 그와는 달리 태조대왕이 수성에게 왕위를 양위한 해가 146년이라고 한『해동고기』를 인용하였다. 무려 25년의 차이다. 그리고 서술자는 문득『후한서』의 기록이 잘못인 것 같다고 판단하였다. 거기에 어떤 근거가 수반된 것은 아니다. 게다가 고구려본기 찬자는 태조대왕이 그로부터도 20년을 더 생존해 있었다고 기록하였다. 120세라는 지극히 비상한 나이에도 불구하고 중국의『후한서』보다 국내 고유 자료인『해동고기』정보를 취한 것이다.

『해동고기』가 말하는 태조대왕의 나이는 확실히 범상하게 보아 넘기기 어려운 정보다. 다만 이와 같이 일상적이고 경험적인 보편 기준에 비추어 수긍하기 어려운 정보라 하여 그 자체만으로 관련된 정보들의 가치를 큰 폭으로 폄하하는 태도는 신중하지 못하다. 이른 시기 인물들의 수명은 왕들에 한정되는 것도 아니며 역시 고구려의 일만도 아니다. 삼국의 왕들을 포함하여 개인의 수명이 지나치게 긴 경우들에 대해서도, 그 출자 계보의 오류 가능성과 함께 잠복되어 있을지도 모르는 '잃어버린 고리'를 복원하는 데 전념해야 옳다. 주지하듯이 평균 수명과 한계 수명은 다르며, 고대 사회든 의학의 일상적 혜택을 누리는 현대 사회든 생존 극한 연령은 크게 변하지 않았다. 의혹은 해명되어야 옳되, 연구자 일반이 공유할 수 있는 타당한 논리에 따라 실상이 복원되었을 때 비로소 의혹의 해소는 기대할 수 있을 것이다.

계보에 대한 『고기』 정보의 사례를 하나 더 들어 본다.

『책부원귀』에는 이렇게 말하였다.

"남제南齊 건원建元 2년(480)에 백제왕 모도牟都가 사신을 보내 공물을 바쳤다. 이에 조서를 내려 말하기를 '하늘의 명령을 새로이 받게 되매 그 혜택이 머나먼 곳까지 미치는도다. 모도는 대대로 동쪽 바깥의 번신藩臣으로서 멀리 외지에서 자기 직분을 지키고 있으니, 이제 사지절도독백제제군사진동대장군使持節都督百濟諸軍事鎭東大將軍을 수여한다'라고 하였다. 또 영명永明 8년(490)에 백제왕 모대牟大가 사신을 보내 표문을 올렸다. 이에 알자복야謁者僕射 손부孫副를 보내 모대를 책명해 그의 죽은 조부 모도의 관작을 계승하게 하고 백제왕으로 삼으면서 말하기를 '아아! 그대는 대대로 충성과 근면을 이어받아 그 정성이 머나먼 밖에서도 두드러지며 바닷길은 가지런히 맑아지고 긴요한 공물을 빠뜨리지 않으므로, 떳떳한 법전에 따라 영예스러운 책명을 잇게 하는 것이니 삼갈지어다. 아름다운 위업을 엄숙하게 이어받거늘 어찌 삼가지 않을 수 있으랴! 행도독백제제군사진동대장군백제왕行都督百濟諸軍事鎭東大將軍百濟王을 삼노라'라고 하였다."

그러나 『삼한고기』에는 모도가 왕이 되었던 일이 없고, 또 살펴보면 모대는 개로왕의 손자, 즉 개로의 둘째 아들 곤지昆支의 아들이거니와 그의 할아버지가 모도라고 말하지는 않았으니, 『제서齊書』에 실린 바를 의심하지 않을 수 없다. (『삼국사기』 백제본기 4 동성왕 23년)

위의 인용문은 백제본기 서술자가 웅진 수도 시기 백제

의 왕계에 대해 논증한 것이다. 그는 우선 백제왕 모도와 모대를 조손 관계로 파악한 중국의 역사책들을 인용하였다. 모대는 동성왕을 가리킨다. 그런데 『삼한고기』에는 모도라는 이름의 백제왕이 없다는 것이다. 그러므로 백제본기 서술자들은 '백제왕 모도'의 존재를 언급한 『책부원귀』나 『(남)제서』 등의 중국 사서들을 신뢰하지 않았다. "『삼한고기』에는 모도가 왕이 되었던 일이 없다"라고 한 단정을 조금 더 음미하자면, 『삼한고기』에는 적어도 그러한 판단을 내리는 데 필요한 정도의 충분한 백제 왕 관련 정보가 갖추어져 있었다고 보아야 하는 것이다.

요컨대 고구려본기 찬자가 『해동고기』를 근거로 『후한서』의 고구려 왕대력을 과감하게 배제한 것과 마찬가지로, 백제본기 찬자 역시 『삼한고기』를 근거로 『책부원귀』의 백제 왕 '모도'를 인정하지 않았다. 국내 고유 자료인 『고기』류 정보에 절대적인 신뢰를 보내는 『삼국사기』 편찬자의 태도를 주목할 필요가 있다.

한편 김부식이 『삼국사기』에 선행하는 삼국 관련 기록물들을 『고기』로 총칭하였던 것과는 달리, 이규보는 그것을

『구삼국사舊三國史』라고 불렀다.

　　세상에서는 동명왕東明王의 신이한 일이 많이들 이야기되고
있어서, 비록 어리석은 남녀조차도 자못 그 일을 말할 수 있
을 정도이다. 나는 언젠가 그 이야기를 듣고 웃으며 "선대
의 스승이신 중니仲尼께서는 괴력난신을 말씀하지 않으셨거
니와, 이야말로 황당하고 기궤한 일인지라 우리(와 같은 지식
인)들이 말할 바가 못 된다"라고 말한 적이 있다. … 계축년
(1193) 4월에 『구삼국사』를 얻어 동명왕본기를 보니 그 신이
한 자취는 세상에서 얘기되는 정도보다 더하였다. 그러나 역
시 처음에는 믿을 수 없어 귀환스럽다고 여겼는데, 다시 여
러 번 탐미하여 차츰 그 근원을 밝아 가 보니 이는 '환幻'이 아
니라 '성聖'이요 '귀鬼'가 아니라 '신神'이었다. 하물며 국사國史
는 곧이곧대로 쓰는 책이니 어찌 함부로 전한 것이겠는가!
김부식이 국사를 거듭 편찬[重撰]할 때 자못 그 일을 간략히
한 것은, 그는 국사란 세상을 바로잡는 책이므로 지나치게
기이한 일을 후세에 보이는 것은 옳지 않다고 생각하여 생략
하였던 것이겠다. … (『동국이상국전집東國李相國全集』 3 「동명왕

4장 「삼국사기」의 편찬 97

편병서東明王篇并序」)

이규보의 이 글은 『삼국사기』가 찬진된 시기로부터 약 50년
뒤에 작성되었다. 고구려 건국 시조인 동명왕의 위대한 일
대기를 노래한 「동명왕편」의 작시 동기를 밝힌 글이다. 젊
은 이규보는 처음에 동명왕의 신이한 이야기를 허황된 것
으로 여겼다. 비록 어리석은 문맹의 남녀들에게조차 회자
되는 이야기이긴 하나 지식인이 귀 기울일 일은 아니라고
여겼다. 그러다가 이른바 『구삼국사』를 접한 것을 직접적
계기로 그 이야기가 신성한 창국의 자취라고 각성하게 되
었다 한다. 그런데 이규보는 동명왕에 대한 『구삼국사』의
전승을 『삼국사기』가 제법 간략하게 줄였다고 지적하였다.
그 연유에 대한 추론의 타당성 여하와는 별개로, 『삼국사
기』 이전에 있었던 삼국 관련 역사서로서 『구삼국사』로 불
린 자료가 있었다는 사실은 매우 중요하다.

'구삼국사'는 '신삼국사'에 대응하는 개념이다. '구'는 『고
기』의 '고'처럼 시간이 지난 뒤에, 혹은 상대적으로 새로운
삼국사가 출현한 뒤에 부여할 수 있는 접두어에 불과하다.

즉 『구삼국사』는 '신삼국사'를 전제로 한다. 이규보의 문맥에 따라 말하자면 '신삼국사'는 『삼국사기』이다. 그러므로 『구삼국사』로 불리는 실체의 고유한 서명은 얼른 확정하기 어렵다. 다만 『삼국사기』도 『고려사』에 '삼국사'라고 지칭되었다. 현존하는 『삼국사기』 목판본의 판심에도 '삼국사'라고 표기되어 있다. 따라서 이른바 『구삼국사』로 불린 문헌의 고유한 명칭에는 '삼국사'라는 내용 영역이 포함되어 있을 가능성이 높다고 생각한다.

이 때문에 『대각국사문집』에 인용된 『해동삼국사』가 혹시 『구삼국사』로 불린 문헌의 본래 명칭이 아닐까 추정하기도 한다. 명료하게 논증할 도리는 없지만, 『해동삼국사』의 '해동'은 중국에 대한 '우리'의 삼국사라는 뜻에서 붙인 관형어일 가능성이 크므로, 본래의 서명은 '삼국사' 혹은 '삼국사기'의 범주를 벗어나지 않을 것이다. 실제 송나라 왕응린王應麟의 『옥해玉海』「이역도서異域圖書」에는 순희淳熙 원년(고려 명종 4, 1174) 5월 29일에 명주진사明州進士 심민沈忞이 『해동삼국사기』 50권을 바치므로 은폐 백 냥을 하사하고 비각秘閣에 간직하였다고 한다. 이때의 『해동삼국사기』는 바로 김부식의 『삼국사기』 그것을 가리킨다.

여하튼 『삼국사기』는 『구삼국사』의 극복을 겨냥한 것이다. 그러나 과연 『삼국사기』가 『구삼국사』를 옳게 극복하거나 개선하였는가는 얼른 단정하기 어렵다. 비록 『구삼국사』가 지금 전하지는 않지만 『삼국사기』에 비해 훨씬 고대적 체질이 손상되지 않았을 것이라, 근대 연구자들은 오히려 지금은 찾을 길 없는 『구삼국사』의 정보에 막연한 애정을 지니는 경우가 많다. 다만 『구당서』와는 달리 현전하지 않는 『구삼국사』의 정황적 실재에 고착되어 『삼국사기』에 대한 진지한 검토와 분석을 소홀히 한다면, 그것은 매우 우려할 만한 일이라고 하겠다. 자칫 근거 없이 '잃어버린 것에 대한 편애'에 함몰되는 일을 경계해야 할 이유이기도 하다.

요컨대 『신당서』 편찬자들의 『구당서』 비판의 논리는 『삼국사기』 편찬진에 의해 『구삼국사』에 대한 비판의 근거와 기준으로 수용되었다. 유사한 세계 인식과 지적 토대를 공유하고 있던 송과 고려 사회에서, 각각 『구당서』와 『신당서』 그리고 『구삼국사』와 『삼국사기』의 사학사적 관계는 충분히 중첩될 수 있다.

한편 김부식이 이른 『고기』와 오직 이규보에 의해 한 번 언급된 『구삼국사』가 『삼국사기』 이전에 있었던 삼국의 역사 관련 선행 문헌 자료라는 위상에서 중첩된다는 점을 주의할 필요가 있다. 이것이 곧 『고기』는 『구삼국사』라는 ―둘 다 고유한 서명이 아니긴 마찬가지이지만― 등식의 조건을 의미하는 것은 아닐지도 모른다. 그러나 12세기 중엽 『삼국사기』 편찬진 앞에는 『고기』로 불리거나 『구삼국사』로 간주된 자료를 필두로 갖가지 비중의 문건들이 놓여 있었고, 그것은 『삼국사기』의 편찬으로 말미암아 적어도 당대의 대다수 지식인들 사이에서 유효성을 잃게 되었던 것이다.

3. 중국 자료의 수용과 비판

『삼국사기』에는 많은 중국의 문헌들이 언급되었다. 인용된 문헌들은 『춘추』를 비롯한 유교 경전들이나 『사기』 이래의 정사들, 혹은 제자諸子의 전적 및 개인 문집과 비문들, 그리고 『삼국사기』 편찬 당시 비교적 최신 저작이라고 할 수 있는 『자치통감』에 이르기까지 매우 광범위하다. 물론 인용 서목들이 많다는 것이 곧 『삼국사기』가 풍부한 내용을 갖추게 되었다는 것을 의미하는 것은 아니다. 「진삼국사기표」에서 이미 진단한 바와 같이 삼국의 역사는 중국의 문헌 가운데 극히 미미한 비중을 차지하는 부수적 요소일 뿐이었기 때문이다. 그러므로 그 미미한 정보의 편린이나마 받아들여 활용하지 않으면 안 될 정도로 국내의 자료 기반이 취약하였다는 점을 환기하는 것이 옳을 것이다.

김부식은 이 점에 대해 이렇게 말하였다.

> 비록 을지문덕의 지략과 장보고의 의용義勇이 있다 할지라
> 도, 중국의 기록이 아니었던들 모두 없어져서 알지 못하였을
> 것이다. (『삼국사기』 열전 3 김유신전)

을지문덕은 수나라 양제 휘하의 우중문于仲文과 우문술宇文述이 이끄는 30만 별동대를 궤멸시켜 전례 없는 규모의 침공으로부터 고구려의 자존을 지켜 낸 애국적 명장이다. 장보고 역시 청해진을 거점으로 동북아 제해권을 장악하여 신라의 국익에 기여하였을 뿐 아니라 당과 일본에까지도

명망을 떨쳐 이른바 '해상왕'으로 회자되는 인물이다. 그런데 삼국의 인물들 가운데 가장 걸출한 비중과 공업을 이룬 대표적 영웅들에 대한 전승이 12세기 고려에는 모두 인멸되어 버렸다는 것이다. 그의 말이 과장이나 거짓이 아니라면 『삼국사기』 편찬을 위한 선행 자료의 현황이란 참으로 부실하였던 것 같다.

『삼국사기』에는 '을지문덕의 지략'을 짐작할 수 있는 정보가 고구려본기와 열전 가운데 실려 있다. 그런데 이들 정보의 원천을 추적해 보면 아닌 게 아니라 모두 중국의 사서들에 닿아 있는 것을 발견한다. 예컨대 을지문덕 관련 고구려본기의 내용은 거의 완벽하게 『자치통감』의 문면을 전재한 것이다. 반면에 을지문덕전은 비록 『자치통감』을 위주로 하면서도 훨씬 세심하게 고구려 중심으로, 그리고 을지문덕 중심으로 고쳐 썼다. 아울러 고구려본기에서 고려하지 않은 『수서』의 우중문전과 우문술전을 적절하게 활용하여 배치하였다. 그에 따라 을지문덕이 우중문에게 보낸 시를 제외하고는, 전반적으로 관련 사건의 상세함에 있어서 을지문덕전은 고구려본기에 미치지 못한다. 여하튼 중국 자료는 일단 고유 자료의 부재를 채울 대안이었던 것이다.

　장보고의 사례도 다르지 않지만, 그의 경우는 국내의 전승과 중국 자료 사이에 차이가 매우 컸던 것으로 확인된다. 『삼국사기』 열전에 있는 장보고정년전은 전적으로 당나라 문인 두목杜牧이 쓴 「장보고정년전」의 일부를 전재한 것에 불과하다. 더구나 본 전기에 이어 '논왈論曰'이라 한 사론조차도 전체 내용이 김부식 자신의 작문이 아니라 두목과 송기의 사평을 일부 전재한 것에 불과하다. 즉 두목의 「장보고정년전」의 전반부는 『삼국사기』의 장보고정년전의 전기 자체가 되었고, 그 후반부는 『삼국사기』의 사론이 되었다. 애초에 두목의 전기에서도 장보고가 국난을 수습한 공로로 중앙에 들어가 재상이 되었다는 데서 그의 약전이 마무리된 다음, 안녹산의 반란을 평정한 곽분양郭汾陽이 정적 이임회李臨淮를 포용한 사례를 들어 정년에 대한 장보고의 태도를 높이 포양한 찬자의 평의가 이어지는 구조였다.

　이러한 구성은 『삼국사기』에 앞서 이미 『신당서』의 송기에 의하여 수용된 바 있다. 송기도 두목의 「장보고정년전」 전반부를 적의하게 수용한 다음, '찬왈贊曰'의 형태로 두목의 평의를 소개하고 일부 자신의 소견을 첨부하는 방식으로 서술하였다. 『삼국사기』는 위 두 선행 작문을 다시 취사하되, 장보고의 행적부와 그에 대한 평의 부분을 각각 장보고의 생애와 그에 대한 자신의 사론으로 대신하였다. 편의상 세 글 가운데 마지막 부분만을 비교하여 본다. 이를 통해 『삼국사기』 찬자가 선행한 복수의 중국의 자료들을 활용하는 방식을 짐작할 수 있다.

··· 제 아무리 어질고 의로운 마음이 있다 할지라도 총명한 자질을 갖추지 않고서야 소공召公 같은 이조차도 그러할진대, 하물며 그 이하 사람들에 있어서랴! 옛말에 이르기를 '나라에 한 사람만 있어도 그 나라는 망하지 않는다'라고 하였다. 대저 나라가 망하는 것은 사람이 없어서가 아니라 정녕 그 나라가 망할 즈음에 어진 이를 쓰지 않기 때문이니, 만일 그런 이를 쓸 수만 있다면 한 사람만으로도 넉넉한 것이다.

(두목, 『번천문집樊川文集』 6 「장보고정년전」)

··· 제 아무리 어질고 의로운 마음이 있다 할지라도 총명한

자질을 갖추지 않고서야 소공 같은 이조차도 그러할진대, 하물며 그 이하 사람들에 있어서랴! 아! 원한을 가지고서 서로 해치지 아니하고 먼저 나라를 근심하였던 이로는 진晉에 기해祁奚가 있었고, 당에 곽분양과 장보고가 있었으니, 그 누가 동이東夷에 사람이 없다 하겠는가? (송기, 『신당서』 열전 145 신라전)

… 제 아무리 어질고 의로운 마음이 있다 할지라도 총명한 자질을 갖추지 않고서야 소공 같은 이조차도 그러할진대, 하물며 그 이하 사람들에 있어서랴! 옛말에 이르기를 '나라에 한 사람만 있어도 그 나라는 망하지 않는다'라고 하였다. 대저 나라가 망하는 것은 사람이 없어서가 아니라 정녕 그 나라가 망할 즈음에 어진 이를 쓰지 않기 때문이니, 만일 그런 이를 쓸 수만 있다면 한 사람만으로도 넉넉한 것이다. 송기도 말하기를 "아! 원한을 가지고서 서로 해치지 아니하고 먼저 나라를 근심하였던 이로는 진에 기해가 있었고, 당에 곽분양과 장보고가 있었으니, 그 누가 동이에 사람이 없다 하겠는가?"라고 하였다. (『삼국사기』 열전 4 장보고정년전)

이처럼 우리가 지니고 있는 해상왕 장보고의 이미지는 두목의 전기에서 비롯한 것이다. 반면에 신라본기에 보이는 장보고 관련 정보는 자못 다르다. 즉 위에 인용한 3종의 전기물은 모두 장보고가 신라 재상이 되고 정년이 그를 대신하여 청해진을 책임지는 것으로 마무리되었다. 그러나 신라본기에 따르면, 장보고는 흥덕왕 3년(828)에 청해진에 자리한 뒤, 희강왕과 민애왕의 즉위에 즈음하여 왕위쟁탈전에서 밀린 김우징金祐徵과 김양金陽 등을 각각 받아들였으며(837·838년), 마침내 839년에는 우징을 신무왕으로 즉위시키는 데 기여하였다. 그러나 그는 자신의 딸을 신무왕을 이은 문성왕의 비로 들이려는 문제로 중앙 귀족과 갈등하다가 841년 이후 자객에게 피살되었다. 5년 뒤에는 그의 본거지였던 청해진마저 훼파되는 동시에 휘하 집단 역시 내륙으로 사민되어 고유한 집단적 잠재력을 거세당하였다.

요컨대 신라본기의 문맥에서 뜻밖에도 그는 반역자로 생을 마쳤다. 이러한 차이는 아마 두목과 송기가 장보고 관련 신라 내부 사정을 제대로 인지하지 못했기 때문일지도 모른다. 여하튼 편찬자의 지적처럼 우리에게 익숙한 "을지문덕의 지략과 장보고의 의용"은 중국인들이 남긴 기록에서 비롯하였던 것이다.

이렇게 부실한 국내 전승의 환경 속에서도 편찬자들은 최대한 고유 전승을 존중하고자 노력하였다. 때로 그러한 태도는 지나칠 정도로 억지스럽게 비치기도 한다. 가장 현저한 경우는 중국과 전쟁한 경험을 기록할 때 두드러진다. 중국 자료들은 자신들이 거둔 전투의 공적을 과장하는 것은 물론 심지어 전쟁의 승패까지도 왜곡하는 일이 없지 않았다. 반면에 『삼국사기』 찬자들 역시 지극히 미세한 차이에도 불구하고 자국 중심적 정보 가치의 긍정에서는 물러섬이 없다. 고구려 건국 초기의 사례 하나를 들어 본다.

유리명왕瑠璃明王 31년(12년)에 한의 왕망이 우리 군사를 징발해 흉노를 치게 하였다. 우리 군사들이 가지 않으려 하는데도 억지로 협박해 보내니, 모두 변경으로 도망해 법을 어기고 도둑떼가 되었다. 요서대윤遼西大尹 전담田譚이 추격하다 그들에게 죽게 되자, 주·군들이 허물을 우리에게 돌렸다. 엄우嚴尤가 왕망에게 아뢰기를 "맥인貊人들이 법을 어긴 데 대해서는 마땅히 주·군들로 하여금 그들을 무마하고 안도케 해야 합니다. 지금 함부로 큰 죄를 들씌우면 그들이 마침내 반란을 일으킬까 두렵습니다. 그럴 경우 부여의 무리 가운데 반드시 반란에 동조할 이가 있을 것이니, 흉노를 물리치지 못한 터에 부여와 예맥穢貊이 다시 일어난다면 이는 큰 걱정거리가 될 것입니다"라고 하였다. 왕망은 듣지 않고 엄우에게 조칙을 내려 그들을 치게 하였다. 엄우가 우리 장수 연비延조를 유인해 목을 베어 수도로 보냈다.[『양한서兩漢書』 및 『남북사南北史』에는 모두 "구려후句麗侯 추騶를 유인해 목을 베었다"라고 하였다.] 왕망이 기뻐하고 우리 왕의 명칭을 고쳐 '하구려후下句麗侯'라 하고, 천하에 포고해 모두가 알게 하였다. 이에 한의 변경 지역을 침구하는 것이 더욱 심해졌다. (『삼국사기』 고구려본기 1)

고구려 유리명왕과 한을 찬탈한 왕망 정권 사이의 갈등 내용이다. 후반부에 보이는 분주의 논의 대상은 엄우의 공격에 희생된 고구려 측 주체의 문제이다. 본문 서술에서는 그를 고구려의 장수 '연비'라고 한다. 그에 반해, 분주에서는 "『양한서』 및 『남북사』에는 모두 '구려후 추를 유인해 목을 베었다'라고 하였다"는 것이다. 우선 『한서』 왕망전과 그에 충실한 『자치통감』에는 "고구려후 추"라 하였고, 『후한서』 구려조와 『양서梁書』와 『북사』의 고구려조에는 '구려후 추'라고 하였다. 여하튼 분주의 본의는 중국 측 사서에는 고구려의 장수가 아니라 '구려후'가 희생된 것으로 되어 있다는 점을 지적하는 데 있다. 따라서 문제는 고구려본기의 본문 내용이 거의 전적으로 중국 측 전승에 의존하여 작성되었으면서도 오직 전쟁에서 희생된 인물 '연비'만이 그와 다르게 된 연유이다.

먼저 주의할 사항은, 왕망의 조치는 '고구려왕'을 '하구려후'로 폄하한 것이었다는 점이다. 그 때문에 엄우에게 유인당해 살해된 '구려후'와 이후 '하구려후'로 폄칭된 '고구려왕'이 동일 인물인지의 여부가 문제시될 수밖에 없다. 특히 살해된 인물 '추'를 고구려 시조 '추모鄒牟', 즉 주몽朱蒙으로 간주하는 견해에서는, 고구려의 왕위가 추모에서 그의 아들 유리명왕으로 계위된 사실을 파악하지 못한 중국 측의 오전 혹은 과장일지도 모른다고 생각하기도 한다. 적지 않은 비약이긴 하나, '구려후'와 '고구려왕'의 일체 여하의 문제와는 무관하게나마, 애초에 고구려에 대한 왕망의 강경책에 반대하였던 엄우가 전과를 허위 보고했을 가능성을 배제하기 어렵긴 하다.

분명한 것은, 고구려본기의 찬자는 해당 인물을 고구려의 장수 '연비'로 설정한 고유 전승을 확보하고 있었다는 사실일 것이다. 물론 그가 『후한서』의 '구려후'와 '고구려왕'을 동일 인물로 독해하였는지 아닌지에 대해서는 확언하기 어렵다. 다만 분주의 문제 제기에 한정할 때, 중국 자료의 '구려후'와 고유 자료의 '연비'는 다른 인물로 파악되고 있었다고 해야 옳겠다. 이 점은 그가 중국사서의 표현과 서술에 의존하여 해당 사건을 기입하면서 유독 '구려후'만을 '연비'로 대체한 데에서 짐작하기 어렵지 않은 것이다. 그리고 그는 분주를 통해 중국사서와 고유 전승 사이의 차이점을 지적하였다. 다만 분주자는 이와 같은 차이에 대해 적극적인 논증을 포기하였다. 그러나 오늘의 독자들은 마땅히 중국사서에 개입되어 있을 수 있는 자기중심적 왜곡의 가능성과 주변 세계에 대한 우월적 편견을 직시해야 한다. 이러한 각성이야말로『삼국사기』편찬자들이 우리에게 던져 준 중요한 단서인 것이다.

이처럼 전체적으로 보아, 고유한 전승과 중국 측 정보가 충돌할 경우『삼국사기』는 거의 예외 없이 중국 자료의 오류로 판정하고 이 점을 드러내 지적하였다. 이해를 돕기 위해 비교적 단순한 몇 가지 유형을 들어 본다.

안장왕安藏王 13년(531) 여름 5월에 왕이 죽었다. … […『양서』에 "안장왕이 왕위에 있은 지 8년째 되는 보통普通 7년(526)에 죽었다"라고 한 것은 잘못이다.] (『삼국사기』고구려본기 7)

평원왕平原王 32년(590) … 수 고조가 왕에게 조서를 내려 … [이 해는 개황開皇 10년(590)이다. 『수서』와 『통감』에 "고조가 조서를 개황 17년에 내려 주었다"라고 한 것은 잘못이다.] (『삼국사기』고구려본기 7)

진평왕眞平王 54년(632) 봄 정월에 왕이 죽었다. … [『고기』에는 "정관貞觀 6년 임진(632) 정월에 죽었다"라고 하였는데, 『신당서』와

『자치통감』에는 모두 "정관 5년 신묘에 신라 왕 진평이 죽었다"라고 하였으니, 아마 이들의 잘못이 아닐까 한다.] (『삼국사기』 신라본기 4)

선덕왕善德王 16년(647) 봄 정월 … 8일에 왕이 죽었다. … [『당서』에는 "정관 21년(647)에 죽었다" 하고 『통감』에는 "25년에 죽었다"라고 하였으나, 본사本史로써 고증한다면 『통감』이 잘못이다.] (『삼국사기』 신라본기 5)

효소왕孝昭王 11년(702) 가을 7월에 왕이 죽었다. … [『당서』를 보면 이르기를 "장안長安 2년(702)에 이홍理洪이 죽었다"라고 하였고, 여러 『고기』에도 "임인년(702) 7월 27일에 왕이 죽었다"라고 하였는데, 『통감』에는 "대족大足 3년(703)에 죽었다"라고 하였으니 『통감』이 잘못이다.] (『삼국사기』 신라본기 8)

태종 무열왕武烈王이 왕위에 오르니, 이름은 춘추春秋이고 진지왕의 아들인 이찬 용춘龍春의 아들이다.[『당서』에는 진덕왕의 아우라고 하였는데 잘못이다.] (『삼국사기』 신라본기 5)

고구려 안장왕이 죽은 해나 신라 선덕왕이 죽은 해에 관한 정보는 고유한 전승이 있었을 것이다. 판정의 기준이 된 '본사'도 그 가운데 하나일 것이다. 이처럼 『양서』나 『자치통감』의 정보가 잘못이라는 판정의 기준은 국내의 고유 전승이었다. 진평왕과 효소왕이 죽은 해에 대해서도 『고기』의 전승을 근거로 하여 『신당서』와 『자치통감』의 정보가 잘못이라고 단정하고 있다. 수의 고조가 평원왕에게 조서를 보낸 해에 대한 『수서』의 정보나 태종 무열왕 김춘추의 가계에 대한 『당서』의 정보에 대해서도 그 오류를 지적하였다. 이러한 방식으로 거론된 많은 경우들은 거의 예외 없이 중국 측 문헌의 오류를 지적함으로써 그 판정 근거가 되었을 고유 자료에 대한 높은 신뢰를 보여 주고 있다.

4. 정보의 경합과 선택

『삼국사기』의 서술 대상이 되는 사실들은 신라와 고구려와 백제를 중심으로 한 천여 년의 시간에 걸쳐 일어난 것들이다. 게다가 그러한 사실들은 여러 형태로 기억되고 전승되면서 때로는 변용되기도 한다. 그에 따라 종종 어떤 하나의 서술 대상 사건에 대한 정보는 편찬자들 앞에 서로 다른 복수의 형태로 놓여진다. 아마 지금 독자들이 보는 것보다 훨씬 많은 정보들이 편찬 과정에서 경합한 결과 어느 하나가 선택되고 또 다른 것들은 배제되었을 것이다. 『삼국사기』에는 그 취사의 흔적이 이렇게 남아 있다.

> 시조는 성이 박씨이고 이름은 혁거세赫居世이다. 전한 효선제孝宣帝 오봉五鳳 원년 갑자(기원전 57) 4월 병진일에[정월 15일이라고도 한다] 즉위해, 왕호를 거서간居西干이라 하였다. (『삼국사기』 신라본기 1 시조 혁거세거서간 즉위기)

> 신검神劍이 제 분수를 지나쳐 왕위를 빼앗은 것은 다른 사람의 협박 때문이지 그의 본심에서가 아니리라 여기고, 게다가 귀순해 죄를 청한다 하여 특별히 그의 죽을죄를 용서하였다.[세 형제가 모두 죽음을 당하였다고도 한다.] (『삼국사기』 열전 10 견훤전)

첫 인용 글은 신라의 시조 혁거세거서간이 즉위한 때를 오봉 원년, 곧 기원전 57년 4월 병진일이라고 서술하면서, 그러나 같은 해 정월 15일이라는 전승도 있다는 것을 분주로 제시해 둔 대목이다. 즉 혁거세거서간의 즉위 월·일 정보의 문제로서, 4월 병진일과 정월 15일이 서로 경합하고 있다. 뒤의 글은 고려의 태조 왕건에게 패멸당한 후백제의 왕 신검이 죽을죄를 용서받았다는 본문의 서술에 대해, 그 자신뿐 아니라 아우들인 양검良劍과 용검龍劍까지 세 형제가 모두 처형되었다는 이설을 분주로 덧붙인 대목이다. 신검과 그의 형제들의 운명에 대한 두 가지 설명 가운데 적어도 어느 하나는 물론 사실이 아닐 것이다.

다시 말해 하나의 서술 대상 사건에 대해 편찬자들은 복수의 전승을 확보한 가운데 어느 하나를 선택하여 본문 서술에 채택한 것이다. 그러나 경합하는 다른 정보들 가운데 그 진위를 명백하게 가름하기 어려운 것들은 위와 같이 분주의 형태로 보존해 두었다. 개중에는 분주의 정보가 본문에 서술된 정보보다 사실에 가까운 경우도 반드시 없지는 않았을 것이다. 혁거세의 즉위일 관련 분주는 『삼국사기』

에 있는 첫째의 것이고, 신검 형제의 처단 여부에 대한 분주는 그 마지막으로서 560번째 분주이다. 560개의 분주 가운데는 이처럼 편찬자들 앞에 놓여 경합한 정보들의 자취가 상당히 많이 포함되어 있다.

사실 본문에 서술된 정보와 분주 형태로 부기된 정보는 이미 그 형태에서부터 편찬자의 선택이 개입한 결과이기도 하다. 본문에 서술된 것 자체가 분주의 이설에 비해 편찬자의 편향된 신뢰를 반영하기 때문이다. 고구려와 백제의 건국 시조에 대한 서술의 사례를 통해 이 문제를 음미해 본다. 먼저 고구려본기는 이렇게 시작한다.

시조 동명성왕의 성은 고씨이고, 이름은 주몽이다. … 졸본천卒本川에 이르러 … 국호를 '고구려'라 하고 이로 말미암아 '고高'로 성씨를 삼았다.[한편, 주몽이 졸본부여卒本扶餘에 이르렀을 때 그곳의 왕에게 아들이 없었는데, 왕이 주몽을 보고 보통 사람이 아닌 것을 알아 자기 딸을 아내로 삼게 하였던바, 그 왕이 죽자 주몽이 왕위를 이었다고도 한다.] (『삼국사기』 고구려본기 1 시조 동명성왕 즉위기)

본문은 해모수解慕漱와 유화柳花의 결합과 그로 인해 알에서 태어난 주몽이 핍박을 받는 내용, 그리고 부여를 탈출하여 추종자들을 규합해 스스로 창국에 이르는 고구려 건국의 과정을 전한다. 반면에 분주는 주몽이 졸본부여 왕의 사위로서 왕위를 승계하였다는 이설을 전한다. 엄밀히 말해이 두 가지 서사 가운데 어떤 것이 고구려 건국과 건국자의진실에 근접한 것인지 명료하게 판정할 방법은 없다고 해야 할 것이다. 졸본부여를 사위의 자격으로 승계하였다는분주의 내용도 주몽의 출생과 졸본 지역에 이르는 과정에대한 설명에서는 다르지 않았을 가능성이 크다. 주몽을 둘러싼 고구려본기의 본문 서술과 그를 위한 선택의 문제는다시 백제 건국자에게로 이어진다.

백제본기는 다음과 같은 두 가지 시조 전승으로부터 시작한다.

백제의 시조는 온조왕溫祚王이다. 그의 아버지는 추모인데 혹은 주몽이라고도 한다. 주몽이 북부여로부터 어려움을 피해졸본부여에 이르렀을 때 졸본부여의 왕에게는 아들이 없고 세 딸만 있었는데, 주몽을 보고 보통사람이 아닌 줄을 알고 둘째 딸을 그의 아내로 삼아 주었다. 얼마 후 부여의 왕이 죽자 주몽이 왕위를 이었다. 두 아들을 낳았는데 큰 아들이 비류沸流요, 둘째 아들이 온조였다. 주몽이 북부여에 있었을 때 낳은 아들이 찾아와 태자가 되매, 비류와 온조는 태자에게 용납되지 못할 것을 두려워해 마침내 오간烏干·마려馬黎 등 열 명의 신하와 더불어 남쪽으로 떠나 … 백제 왕실의 세계世系는 고구려와 함께 부여에서 나왔기 때문에 성씨를 '부여'라고 하였다.

시조는 비류왕이다. 그의 아버지 우태優台는 북부여 왕 해부루解扶婁의 서손이다. 어머니 소서노召西奴는 졸본 사람 연타발延陀勃의 딸로 처음에 우태에게로 시집와서 아들 둘을 낳았는데, 맏이가 비류이고 그 다음이 온조다. 그녀는 우태가 죽자 졸본에서 홀로 살았다. 뒤에 주몽이 부여에서 용납되지 못해 전한 건소建昭 2년(기원전 37) 봄 2월에 남쪽으로 탈출해 졸본에 이르러 도읍을 세우고 국호를 '고구려'라고 하였으며, 소서노를 맞이해 왕비로 삼았다. … 주몽이 부여에 있을 때 낳은 예씨禮氏의 아들 유류孺留가 찾아오게 되자 그를 태자로 세우더니, 유류가 왕위를 잇기에 이르렀다. 이에 비류는 … 아우와 함께 동류의 무리들을 거느리고 패수浿水와 대수帶水를 건너 미추홀彌鄒忽에 와서 살았다. (이상 『삼국사기』 백제본기 1 시조 온조왕 즉위기)

첫째 인용문은 백제본기 첫머리가 되는 온조왕의 즉위 내용으로서, 본문의 서술이다. 이어지는 둘째 인용문은 본문 형태로 서술한 내용에 부기한 분주의 서술이다. 다시 말해 본문은 백제의 시조가 온조왕이라고 한 반면, 시조를 비류왕이라고 한 전승은 분주로 소개하였다.

그런데 시조 온조왕 이야기를 고구려본기의 고구려 건국 내용과 연계하여 보면, 주몽이 스스로 창국하였다는 본문 내용이 아니라, 졸본부여 왕의 사위로서 왕위를 승계하였다는 분주의 내용과 부합하고 있다. 한편 분주에 소개한 시조 비류왕 이야기는 비류와 온조 형제의 아버지가 주몽이 아니라 우태이며, 어머니 소서노는 과부로서 두 아들을 데리고 주몽과 재혼하였다 한다. 비류와 온조를 형제로 설정하고 그들이 주몽의 고구려에서 분지해 내려와 지금의 한강 일대에 정착해 백제의 발단을 이루었다는 대강의 구성은 같으면서도, 본문과 분주의 시조 인식은 그 전승의 갈래가 이처럼 서로 다르다.

한편 백제본기의 주몽 관련 본문 서술이 고구려본기의 분주 서술 계통에 부합한다는 것은 고구려본기와 백제본기의 건국 전승을 선택하여 서술하는 과정이 서로 단절되어 이루어졌다는 사실을 반영하는 것 같다. 즉 백제 시조에 대한 온조왕 전승과 비류왕 전승은 모두 고구려 및 주몽의 존재와 어떤 형태로든 연결되어 있지만, 정작 고구려본기와 백제본기의 본문 채택 내용은 유기적으로 호응하지 않기 때문이다. 여하튼 백제본기 서술자는 온조왕 시조 전승, 즉 고구려의 동명성왕 주몽을 시조의 친부로 하는 전승을 선택한 것이다.

제사지에서도 백제의 시조 전승에 대한 정보들의 부정합 상황이 거론되었다.

『책부원귀』에는 이르기를 "백제는 매년 네 계절의 가운데 달에 왕이 하늘과 오제五帝의 신에 제사를 지내며, 그 나라 시조 구태仇台의 묘당을 수도에 세우고 일 년에 네 차례 제사를 지낸다"라고 하였다.[『해동고기』에는 혹은 '시조 동명'이라 하고, 혹은 '시조 우태'라고 하였으며, 『북사』와 『수서』에는 모두 "동명의 뒤에 구태라는 이가 있어 대방帶方에 나라를 세웠다"라고 했는데, 여기서는 '시조 구태'라고 하였다. 그러나 동명이 시조인 것은 사적이 명백하므로 그 밖의 것들은 믿을 수 없다.] (『삼국사기』 32 제사지)

이처럼 백제의 시조에 대해서는 첫째 '시조 동명-온조왕', 둘째 '시조 우태-비류왕', 그리고 셋째 '시조 구태'의 세 가지 문헌 전승이 경합한 셈이다. 서술자는 '시조 동명-온조왕'의 경우가 "사적이 명백하므로" 다른 두 가지 설명은 믿을 수 없다고 판단하였다. 물론 백제본기의 건국 서사와 이후의 왕통 정보는 그와 같은 선택의 결과이자 반영이기도 하다. 그러나 바로 그와 같은 선택에 따라 경합하던 다른 정보들은 불완전한 흔적만을 남기는 데 그쳤거나 아예 인멸되고 말았던 것이다. 요컨대 현전하는 『삼국사기』는 12세기 당시에 유통되던 복수의 설명들 가운데 선택된 하나거나 극히 일부에 지나지 않는다는 사실을 각성할 필요가 있다.

특히 주의해야 할 사항은 서술자가 "믿을 수 없다"라고 판단하면서도 정작 그 믿기 어려운 정보를 보존해 두었다는 현상 자체일 것이다. 이것은 전문적 수사자로서의 자질과 양식의 증거이자, 정보의 당대적 가치를 웅변하는 것이다. 인용자가 차마 믿을 수 없는 전승을 오직 전승의 맥락을 존중하여 보존해 둔다는 것은 기록에 대한 존중을 넘어 겸허한 절제가 전제되어야 가능한 일일 것이다. 아래에 대표적인 대목만 간추려 제시한다.

> 신라의 박씨와 석씨는 모두 알에서 태어났으며, 김씨는 하늘로부터 금궤에 든 채로 내려왔다거나 혹은 금수레를 타고 왔다고 하거니와, 이는 더욱 괴이해 믿을 수 없지만 세속에서 서로 전해와 사실처럼 되고 말았다. (『삼국사기』 신라본기 12 경순왕 9년 사론)

> 신라의 옛 사적에는 하늘이 금궤를 내렸으므로 성을 김씨라

했다 하는데, 그 말은 괴이해 믿을 수가 없다. 그러나 내가 역사를 수찬함에 있어 그 전한 바가 오래인지라 그 말을 깎아 없애지 못하였다. (『삼국사기』백제본기 6 의자왕 20년 사론)

『고기』에는 이르기를 "신문왕 때 동해 가운데 홀연히 웬 작은 산이 하나 나타났는데 모습이 거북의 머리 같았으며 그 위에 대나무 하나가 있어 낮에는 둘로 나뉘어졌다가 밤에는 하나로 합해졌다. 왕이 사람을 시켜 대나무를 잘라다가 피리를 만들게 하고 만파식萬波息이라고 이름했다"라고 하였다. 비록 이와 같은 말이 있기는 하나 괴이쩍어 믿을 수가 없다. (『삼국사기』잡지 1 악지)

백제본기의 사론에 보이는 1인칭 서술자 '나'는 김부식이다. 사론에 대해서는 뒤에서 상세하게 이야기하겠지만, 김부식의 작문이다. 『고기』를 인용하여 회의한 글도 그의 생각일 것이다. 김부식이 「진삼국사기표」에서 『고기』의 사서적 결함을 분석한 대목을 환기할 만하다. 인용문에서 드러나는 그의 생각은 일상을 일탈한 전승들에 대해 신뢰하지 않는 것이었다. 그것은 중세 지식인의 일반적인 지적 토대와 경향을 반영한다. 그러나 그가 회의한 내용들은 『삼국사기』에 저와 같이 수용되었다. 믿을 수 없는 전승을 수용하는 데에는 '고대의 경험'이라는 사서의 본질을 헤아리는 통찰과 절제가 필요하다.

그에게 절제를 강요한 것은 관련 전승의 장구함이다. 신라의 삼성三姓 시조 전승은 세속에서 오랫동안 전승되면서 '경험된 사실'의 지위를 강화해 왔다. 그 때문에 중세의 보편적 인식을 벗어나 있는 그것들을 정작 그 보편 인식의 대변자가 배척하지 못한 것이다. 중세의 인식을 배반하면서 굴복시킨 이 장구한 전승의 동력이 곧, 세대를 거듭하여 동시대 구성원 사이에 확산되고 공유된 저층의 감성일 것이다. 합리적 인과 관계 여부는 전승의 주체들이 김씨 시조 전승에서 발견한 설득력을 방해하지 못하였던 것이다.

5. 체재와 판각과 간행

『삼국사기』는 사마천司馬遷의 『사기』에서 비롯한 기전체紀

傳體 방식을 따라 편찬되었다. 기전체는 왕 중심의 국가사라고 할 '본기本紀'와 당대에 의미 있는 비중을 점한 신민들의 행적을 엮은 '열전'이 중심을 이루는 역사 서술 방식을 이른다. 그리하여 『삼국사기』에는 신라본기, 고구려본기, 백제본기의 순서로 삼국의 국가사가 맨 앞에 자리한다.

삼국의 본기 배치 순서는 각 왕조의 건국 시기에 따른 것으로 판단한다. 물론 『삼국사기』가 채택한 삼국의 건국 시점에 얼마만한 객관적 자질을 인정할 수 있을 것인가에 대한 판단은 쉽지 않다. 그에 의하면 신라는 기원전 57년, 고구려는 기원전 37년, 백제는 기원전 18년에 창국되었다 한다. 그러나 고고학의 물질 정보로 보나 동북아 문명의 진원이었던 중국의 문헌 정보로 보나, 신라가 고구려와 백제보다 앞서서 국가사회를 이루었다는 데는 동의하기 어렵다. 그렇지만 동시에 주의해야 할 것은, 『삼국사기』가 전하는 삼국의 건국 연대 정보를 의미 있게 비판하거나 부정할 수 있는 문헌 근거 또한 분명치 않다는 점이다.

삼국의 본기 다음에는 연표年表가 있다. 연표는 간지干支로 연대 기준을 삼고 중국, 신라, 고구려, 백제로 나누어 표기하였다. 신라 하대에는 궁예와 견훤의 연대기도 포함하였다. 각 왕조별로 왕의 즉위와 성명, 재위연대와 죽음, 중국의 연호 관련 정보를 주로 기록하였다. 왕의 재위연대는 즉위년을 원년으로 정하는 이른바 '즉위년칭원법稱元法'의 원칙에 따랐다.

잡지雜志는 제사와 음악, 색복色服, 거기車騎, 기용器用, 옥사屋舍, 지리地理, 직관職官으로 분류해 서술하였다. 지리지를 제외하면 대부분 통일기 신라의 제도나 사회상이 주류를 이루고 있으며, 고구려와 백제에 대해서는 중국사서의 해당 대목을 인용하는 데 그친 경우가 많다. 형식상 삼국을 균등하게 다룬 사서를 표방하기 위해 고심한 흔적이 역력한 대목이다. 지리지는 가장 상세하게 서술된 편이나, 역시 통일기 신라의 9주를 기준으로 명칭의 변개와 군현의 예속 관계 및 편찬 당시의 지명 등을 기록한 것이다. 특히 지리지의 지명들은 고대 삼국의 언어를 연구하는 데 일차 자료로 중시된다. 잡지의 내용을 살펴보면 대체로 본기와 자료를 공유한 부분도 있으나, 별도 자료의 존재를 짐작하게 해 주는 서술도 있다.

마지막으로 열전이 있다. 『삼국사기』 목차의 열전 항목에서 이름이 언급된 인물은 모두 86명이지만 그 가운데 중심인물에 부수된 인물은 25명이며, 아무런 개인 행적도 없이 이름만 언급된 경우도 10명이나 된다. 중심인물로서 독립적으로 입전된 인물은 51명인데, 인물의 소속 왕조별로 보면 고구려인이 8명이고 백제인은 3명이다. 궁예와 견훤의 경우는 신라인이면서도 새로운 왕조의 창국자이므로, 이 둘을 제외해도 신라인으로서 독립 전기를 가진 인물은 모두 38명에 달한다. 이처럼 열전 역시 잡지 못지않게 신라 중심적 구성으로 나타난다. 다만 이러한 편향에 대해 서술자들의 편견을 반영한 것이라고 생각하기보다는, 일단 자료의 불균형 문제로 이해하는 게 옳을 듯하다.

삼국 당시에는 각기 사관을 두어 일을 기록하였으나, 고구려와 백제 두 나라는 수와 당의 정벌이 있었고, 신라 말기에는 견훤과 궁예가 번갈아 난을 일으켰으므로, 역대의 문적이 모두 참고할 수 없게 되었다. 김부식이 『삼국사기』를 편찬할 때, 신라에 대해서는 남아 있는 본사本史에 따르고, 고구려와 백제에 대해서는 더욱 검증할 수가 없어서 다만 이른바 『고기』에 단편적으로 전하는 것에 의거하였으며, 삼국 모두 중국 역사에서 가져다 보입하였으나, 소략한데다가 오류조차 많아 사가의 규모를 이루지 못하였다. (『동사강목東史綱目』 범례 채거서목採據書目 동국서적東國書籍 삼국사기)

이 말은 18세기의 역사학자 안정복安鼎福이 『동사강목』의 범례에서 추측한 내용이다. 그는 『동사강목』을 저술하기 위해 의거한 문헌 가운데 우리나라 서적의 첫 번째로 『삼국사기』를 들어 위와 같이 평가하였던 것이다. 그의 온건한 추론대로 7세기의 대규모 전란에서 패멸한 고구려와 백제에 비해 승리한 신라는 그나마 상대적으로 자신들의 역사 기록을 정리하여 보존하는 데 유리하였을 뿐이었다.

이와는 달리 사람들은 종종 김부식 등 신라 출신 인사들이 의도적으로 고구려와 백제의 문적을 인멸하고 고려의 전대 역사를 신라 위주로 재편하였을 것이라고 추측하기도 한다. 그러나 "비록 을지문덕의 지략과 장보고의 의용조차도 중국의 기록이 아니었던들 모두 없어져서 알지 못하였을 것이다"라고 한 편찬자의 말을 다시 환기하고자 한다.

한편 기전체 서술 방식을 채택함으로써 생기는 불편함도 있다. 『삼국사기』 편찬자들은 삼국 간의 형식적 균형을 고려한 나머지 각 본기 및 편목별로 중복된 서술을 한 경우가 적지 않다. 예컨대 고구려와 백제와 신라가 다 간여되어 있는 사건이 있다고 치자. 그 경우 해당 사건은 원칙적으로 세 왕조의 본기에 다 기록되는 것이다. 물론 어떤 본기에 상대적으로 자세한 기록이 있을 수 있고, 간혹 같은 사건에 대한 정보인데도 본기 사이에 일치하지 않는 경우도 있다. 각 왕조별 전승의 차이가 빚은 결과일 수도 있으며 편찬자들의 부주의에서 발생한 혼선일 수도 있다. 한 가지 예만 들어 보기로 한다.

성왕聖王 26년(548) 봄 정월에 고구려왕 평성平成이 예濊와 함께 모의해 한수 북쪽의 독산성獨山城을 치자, 왕이 사신을 보내 신라에 구원을 요청하였다. 신라왕이 장군 주진朱珍에게 명해 갑옷을 갖춘 군사 3천 명을 거느리고 출발하게 하였다. 주진이 밤낮으로 길을 가서 독산성 아래 이르러 고구려 군사

와 한 번 싸워 크게 깨뜨렸다. (『삼국사기』백제본기 4)

진흥왕眞興王 9년(548) 봄 2월에 고구려와 예인穢人들이 백제의 독산성을 공격하자 백제가 우리에게 구원을 요청하였다. 왕이 장군 주령朱玲을 보내 정예병 3천 명을 거느리고 가서 치게 하니 죽이고 사로잡은 적들이 매우 많았다. (『삼국사기』 신라본기 4)

양원왕陽原王 4년(548) 봄 정월에 예의 군사 6천 명을 동원해 백제의 독산성을 쳤는데, 신라 장군 주진이 와서 백제를 구원하므로 이기지 못하고 돌아왔다. (『삼국사기』고구려본기 7)

고구려 양원왕이 예인들과 함께 백제 독산성을 치자, 백제 성왕이 신라에 구원을 요청하였고, 신라 진흥왕은 전투 병력을 파견하여 백제를 도와 고구려 군을 격퇴시켰다. 한눈에도 백제본기의 서술이 가장 자세하다. 반면에 고구려본기의 정보량이 가장 빈약하다. 그러나 예인들의 병력 규모 '6천 명'은 뜻밖에도 고구려본기에만 보인다. 그런가

하면 사건이 발생한 시점과 구원병을 지휘한 신라 장군의 이름이 고구려와 백제본기에는 각각 '정월'과 '주진'으로 되어 있음에 반하여, 유독 신라본기만이 '2월'과 '주령'으로 되어 있다. 이것을 신라본기 측의 오인이나 오기라고 속단해도 좋을지 주저한다. 여하튼 이처럼 동일한 사건에 대한 정보가 세 나라의 본기에 분산되거나 중복되어 있다 보니 우선 독서물로서 읽기에 번잡하고 역사서로서 효용성이 떨어진다.

조선 초 지식인들에게는 이 점도 매우 못마땅하였다. 다시 말해 편년체 통사를 주로 편찬하던 조선 초 식자들의 눈에는 『삼국사기』의 번잡하기만 한 형식적 체재가 우선 비판의 과녁이 되었던 것이다. 권근權近의 말을 들어 본다.

고려조에 와서 김부식이 범례는 마사馬史에서 모범을 취하였으나 대의大義는 간혹 인경麟經에 어그러지는 점이 있게 되었으며, 더구나 한 가지 일의 시말을 그대로 다시 여기저기에 쓴데다가, 방언과 세속의 말들이 서로 섞이고, 훌륭한 정치와 아름다운 정책들은 전하는 것이 드물며, 나라별로 책을

만들다 보니 사람들이 참고하기 어렵게 되었습니다. (『동문
선』 44 「진삼국사략전進三國史略箋」)

범례의 원천인 '마사'는 사마천의 『사기』를 말한다. 대의
의 기준이어야 할 '인경'은 공자의 『춘추』를 이른다. 그러므
로 권근의 눈에 비친 『삼국사기』는 대의가 이미 어그러진
데다가 범례조차 제대로 정돈되지 못하였다. 그의 말 가운
데 특히 이처럼 "한 가지 일의 시말을 그대로 다시 여기저
기에 쓰는" 번거로움은 『삼국사기』가 가지는 폐단의 정확
한 지적이다. 그러나 『삼국사기』의 저본이 되었을 여러 자
료의 영세함을 염두에 둘 일이며, 각 본기를 균형 있게 구
성하기 위해 중복 서술이 불가피한 측면도 있었음을 고려
해야 한다. 동시에 각 본기나 열전, 혹은 잡지들 사이에서
확인되는 특정 경향의 인용 방법 및 용어의 특징 등을 통해
여러 서술자들이 작업을 분담하였던 정황을 확인할 수도
있다.

　『삼국사기』의 편찬에는 편수編修를 맡은 김부식 외에 10명
이 관구管句, 동관구同管句, 참고參考의 임무를 분담하여 참여

하였다. 관구와 동관구는『삼국사기』편찬 작업을 주관하는 공식적 행정직으로, 정습명鄭襲明과 김충효金忠孝가 담당하였다. 참고는 김부식이 고시관이었던 과거에서 장원으로 급제한 박동주朴東柱를 포함하여 모두 8명으로 비교적 하급 관료들이었다. 이들은 아마 자료를 발췌하고 대조하며 교감하는 등 편수의 실무를 담당하였을 것이다. 또 이들이 각 편목을 분장하여 서술한 당사자들이라고 생각된다. 그 때문에 삼국의 각 본기나 여러 지, 그리고 열전 등을 비교해 보면 편목이나 권별로 표기상의 일정한 개성을 구분해 낼 수 있는 것이다.

『삼국사기』가 처음 간행된 시기는 김부식이 죽은 의종 5년(1151) 이전일 가능성이 높다. 그리고 판각 작업이 이루어진 곳은 경주 지방이었을 것으로 추정된다. 이 초간본은 현재 전하지 않지만, 그 일부의 판목은 복간을 거듭하면서도 계속 활용되었다. 제2차 판각은 100여 년 뒤인 13세기 중엽에 이루어진 것으로 추정된다. 간기刊記나 발문跋文이 없는 것은 초간본과 마찬가지이지만 열전의 일부가 전하고 있다. 3차 판각은 조선 태조 3년(1394)에 경주 지역 지방관들이 주도하여 이루어졌다. 판각 사업의 경과에 대한 김거두金居斗의 발문이 『삼국사기』 말미에 전한다. 마모가 심한 판만 새로 복각覆刻한 것으로 추정하나, 이때 인출한 온전한 판본은 전하지 않는다.

마지막 판각은 중종 7년(1512)에 역시 경주에서 이루어졌다. 경주부윤慶州府尹 이계복李繼福의 발문이 『삼국유사』 말미에 전한다. 그에 따르면 이때 『삼국사기』와 『삼국유사』를 함께 판각하였던 것을 알 수 있다. 또 발문은 "황명皇明 정덕正德 임신년"으로 연대를 기록하였기 때문에 이 판본을 보통 '정덕본', 혹은 '임신년 간본'이라고 부른다. 현전하는 완본 형태의 가장 오래된 『삼국사기』 목판본으로서, 오늘날 대부분의 영인본과 활자본들은 이 '정덕본'을 원전으로 삼고 있다. 3차 판각과 마찬가지로 기존의 상태가 양호한 일부 판들은 그대로 이용하고, 새로 광범한 범위의 필사보각을 진행한 것이다.

그러나 경주와 경상도 관내 여러 읍에서 작업을 분담했던 데다가 기계적인 복각을 한 까닭에 오각이 저질러진 경우도 종종 발견할 수 있다. 고려 역대 왕의 이름자를 피하기 위해 획을 생략하는 결필缺筆의 경우, 각공의 형식적 복각 과정에서 전혀 다른 글자가 되거나 난해한 형태로 변한 사례들이 그 한 예이다. 이와 같은 몇 가지 병리 현상에도 불구하고 '정덕본'은 찬진 당시의 내용을 충실하게 보전하였으며, 연구를 위한 원전 자료로서 손색이 없다고 평가된다.

이후 숙종 37년(1711)에는 주자본鑄字本이 간행되었다. 이 판본은 『현종실록』을 출간하기 위해 새로 주자한 활자로 찍은 것이므로 '현종실록자본'이라고도 한다. 앞선 목판본들이 매 반엽半葉마다 9행, 그리고 1행마다 18자의 판형이었던 데 반해, 주자본은 10행 18자로 짜였다.

'정덕본'에 있는 이계복의 발문에는 『삼국사기』와 『삼국유사』를 일러 "우리 동방 삼국의 본사本史와 유사遺事"라고 하였다. 이는 전통시대 지식인이 일반적으로 지니고 있는 두 책에 대한 인식이겠다. 그러나 또한 이것은 이미 고려 당시에 삼국의 '유사'를 자처한 일연—然의 인식이기도 하다. 일연은 『삼국사기』를 '삼국본사'로 불러 존중하였으며, 그의 저술 『삼국유사』는 그 표제에서부터 '본사'를 전제하고 있는 것이다. 조선 건국의 주체였던 성리학자들도 여러 가지

형식이나 역사 인식 면에서는 『삼국사기』를 비판하면서도, 그 '본사'로서의 위상을 수긍하였다. 예컨대 조선 초의 대표적 사서들인 『동국사략東國史略』·『삼국사절요三國史節要』·『동국통감』 등 역시 삼국시대의 서술에서 『삼국사기』를 벗어나지 않았던 것이다. 따라서 이 '본사'로서의 위상은 오늘의 독자들에게도 변함없는 것임은 물론이다.

5장
사실 정보, 고대인의 경험과 설명

1. 경험과 인식의 거리

『삼국사기』는 삼국의 시공간을 중심 대상으로 한 역사 책이다. 그러므로 고려 태조가 삼국을 최종적으로 아우른 936년이 『삼국사기』의 시간적 서술 하한이 된다. 『삼국사기』를 편찬하기 200여 년 전이다. 게다가 기원전 57년에 시조가 즉위한 신라를 비롯하여 고구려와 백제는 모두 기원전 1세기부터 왕조사를 시작하고 있다. 고려 인종의 시대로부터 1200여 년 전의 일이다. 즉 『삼국사기』를 읽는다는 것은, 지금으로부터 2천여 년 전의 일을, 그로부터 천여 년 뒤의 기록을 매개로 헤아린다는 말과 같다. 고대의 경험과 오늘의 인식 사이에는 이처럼 장구한 격절이 가로놓여 있다.

물론 『삼국사기』를 편찬한 이들이 12세기 당시의 여러 자료들과 정보들을 수렴하고 정돈하는 가운데는 오래 전 삼국이 존립해 있던 시기에 만들어진 자료들도 포함되어 있었다고 보아야 한다. 삼국은 왕권이 성숙되고 국가의식이 고양될 때 각각 자기 왕조의 역사를 편찬한 것으로 알려져 있다.

영양왕嬰陽王 11년(600) 봄 정월에 사신을 수에 들여보내 조공하였다. 왕이 태학박사太學博士 이문진李文眞에게 조칙을 내려 옛 역사를 요약해 『신집新集』 5권을 만들게 하였다. 나라 초창기에 비로소 문자를 사용했을 때 어떤 이가 사실들을 기록한 책 1백 권을 만들어 『유기留記』라고 하였는데, 이때 와서 줄여 정리한 것이다. (『삼국사기』 고구려본기 8)

근초고왕近肖古王 30년(375) 11월에 왕이 돌아갔다. 『고기』에는 이르기를 백제가 개국한 이래로 문자로 일을 기록함이 없었는데 이에 이르러 박사 고흥高興을 얻어 비로소 『서기書記』가 있게 되었다 한다. 그러나 고흥이라는 이는 다른 책에는 나오지 않으므로 그가 어떤 사람인지 알 수 없다. (『삼국사기』 백제본기 2)

진흥왕 6년(545) 가을 7월에 이찬 이사부가 왕에게 아뢰기를 "나라의 역사라는 것은 임금과 신하의 잘잘못을 기록해, 그 기릴 것과 내칠 것을 후세 만대에 보이는 것입니다. 이것을 수찬하지 않는다면 뒷날 무엇을 보겠습니까?"라고 하였다. 왕이 수긍하여 대아찬 거칠부居柒夫 등을 시켜서 문사들을 널리 모아 그들로 하여금 『국사國史』를 수찬케 하였다. (『삼국사기』 신라본기 4)

위에 보이는 바와 같이 고구려의 『유기』와 『신집』이라거나 백제의 『서기』와 신라의 『국사』로 지목된 자료들은 당대인들의 경험과 기억을 담은 역사물이라고 생각한다. 그러나 거론된 이 자료들의 실체는 확인할 길이 없다. 『삼국사기』의 어떤 서술이 실제 이러한 선행 자료들 가운데 어떤 자료에 근거한 것인지도 파악할 도리가 없다. 다만 『삼국사기』 이후 이러한 자료들의 전존 양상에 대해서는 어디에서도 알려져 있지 않지만, 그 내용은 얼마간 현존 『삼국사기』에 반영되었을 것으로 짐작한다.

특히 고구려와 백제가 당과의 전쟁에서 패멸한 이후 시기 신라에서는 중국의 실록 편찬 관행에 따라 당대 사건을 체계적으로 정리하였던 것 같다. 당대사 편찬의 관행이 자리를 잡기 시작한 것이다. 그와 함께 신라에 의해 병합된 고구려와 백제의 왕조사 또한 신라인들의 손에 의해 정돈되었을 것이다. 그 과정에서 의도적이거나 의도하지 못한 채로 과거의 사실들은 전쟁에서 승리한 신라인들의 손길에서 신라 중심적 맥락을 경유하게 되었다. 승리자의 관점이란 예컨대 '승리의 당위성', 즉 전쟁을 주도한 신라 지배집단의 정당성에 맞추어졌을 것이다.

『삼국사기』에 선행하는 금석문 자료들은 작성 주체의 당대적 진실을 반영한다는 점에서 주목할 가치가 있다. 예컨대 414년에 건립된 광개토왕비는 당시 고구려인들의 시조

그림 4 호우총출토청동호우 (출처: 국립중앙박물관)

인식과 왕조사 정보를 반영하고 있다. 그즈음에 제작된 청동 호우 가운데 하나가 경주의 왕릉급 봉토분에 매납된 것도 장수왕 대 고구려와 신라의 정치 군사적 관계의 속성을 반영하는 중요한 자료로 간주된다. 그런가하면 고구려의 수도였던 국내성과 평양성 일대에서 확인된 고분의 벽화 정보들도 고구려인들의 생생한 생활 정서와 현실 인식을 보여 주고 있다.

이처럼 고대의 특정 경험은 다양한 형태와 장르에 걸쳐 기억되고 전승되어 마침내 오늘의 독자가 보는 바와 같이 『삼국사기』에 정착하게 되었다. 다시 말해 고대인들의 경험은 중세인들의 눈과 손을 거쳐 역사 정보의 자질과 권위를 획득하게 된 것이다. 문제는 2천 년 전의 경험과 그로부터 천 년도 더 지난 뒤의 기록 사이에 개입해 있을 간극이다. 고대인들의 경험은 과연 얼마나 가감 없이 혹은 왜곡 없이 문자기록으로 전달되고 있는 것일까. 『삼국사기』에 담긴 정보란 결국 편찬자들에 의해 선택된 것들이란 점에서는 본질적으로 그들의 인식을 반영한다. 요컨대 고대의 경험과 중세의 인식 사이에는 적지 않은 시간적 거리가 있다.

그럼에도 불구하고 어떤 정보가 채택되었다는 것은 그 정보의 논리와 설명에 동의하였다는 말이기도 하다. 물론 『삼국사기』에 실린 많은 사건과 사실들에 대해, 오늘날의 독자들과 마찬가지로 고려시대 편찬자들도 그 진위를 다 분별할 수 없었다. 또한 오래도록 전승되어 온 정보들의 진위에 대해 비판적 시선으로 사실 여부를 검증할 이유도 없었다. 대부분의 정보들은 국내와 중국의 문헌과 문건에 실려 전하고 있던 것들이었다. 다만 크게 보아 그와 같은 정보들은 어쨌든 편찬자들이 수용한 것들이며, 좀 더 적극적으로 말하자면 그들이 수긍한 것이라는 의미이다.

한 가지 예를 들어 보기로 한다. 신라 선덕왕 16년(647)에 귀족들이 주도한 대규모의 반란이 일어났다. 왕군과 반란 군이 열흘 넘게 시가전을 벌였으나 결말이 나지 않았다. 이 때 하필 큰 별 하나가 왕성에 떨어졌다. 밤하늘에 선명한 낙성으로 반란군의 사기는 충천한 반면 왕은 어찌할 바를 몰랐다.

깊은 밤 자정 무렵에 큰 별 하나가 월성에 떨어지자, 비담毗曇 등이 사졸들에게 말하였다. "내가 듣건대 별이 떨어진 아래 에는 반드시 유혈이 있다 한다. 이는 아마 여왕이 패망할 조 짐일 것이다." 이에 사졸들이 환호하는 소리가 땅을 뒤흔들 었다. 대왕이 그 소리를 듣고 두려워 어찌할 바를 몰랐다. 유신이 왕을 뵙고 아뢰었다. "길함과 흉함은 정해진 것이 아 니옵고 오직 사람이 불러들이는 바에 달려 있는 것이옵니다. 그러므로 은殷나라 주왕紂王은 봉황이 나타났음에도 망하였 고, 노魯나라는 기린을 잡은 뒤에 쇠망하였으며, 은나라 고 종高宗은 꿩이 울었음에도 흥하였고, 정鄭나라는 용들이 서로 싸웠음에도 창성하였던 것입니다. 그러므로 덕이 요망함을 이기는 것을 알 수 있으니, 별자리의 변괴 따위는 두려워할 것이 못 되옵니다. 왕께서는 근심하지 마소서." 이윽고 허수아비를 만들어 불을 안겨서 연에 실어 날려 보내니, 마치 별이 하늘로 올라가는 듯하였다. 다음날 사람을 시켜 거리에서 소문을 내기를 "지난밤 떨어졌던 별이 다시 하늘로 올라갔다"라고 하여, 적군들로 하여금 의구심을 품게 하였다. 그리고 흰 말을 잡아 별이 떨어진 곳에서 제사를 올리고 축문을 지어 축원하였다. (『삼국사기』 열전 1 김유신전 상)

비담이 환기한바, "별이 떨어진 아래에는 반드시 유혈이 있다"라는 해석은 사건 당대인 사이에 널리 공유되어 있는 인식이었을 것이다. 그러나 김유신의 생각은 다르다 하였다. 그에게 길과 흉의 나뉨이란 "오직 사람이 불러들이는 바에 달려 있는 것"이라 한다.

마찬가지로 봉황이 출현하는 것은 상서이지만, 그 봉황은 은의 주왕을 위한 것이 아니라 주의 문왕을 위한 것이었다. 기린도 성인의 왕도를 예증하는 동물이긴 하나, 노의 애공哀公 14년에 출현한 기린은, 공자가 '획린獲麟'을 끝으로 그의 저술 『춘추』를 종결한 것처럼, 노나라의 현실과는 부합하지 않는다. 그와는 반대로 제사를 지내는 날 종묘의 솥에 올라앉아 우는 꿩은 불길하다. 홍수가 나고 용들이 쟁투하는 현상도 공포와 위기를 고조시킨다. 그러나 은의 고종과 정의 정공定公은 그것들을 현실을 성찰하는 계기로 삼아 흥륭을 이룩하였다는 것이다. 각각 『사기』와 『서경』과 『좌전』에 보인다.

얼른 보면, 김유신의 말은 천의天意로부터 독립된 인간 중심적 사고로 읽힌다. 그러나 천의와 인간의 행위가 완전히 절연된 것은 아니다. 봉황과 기린의 출현이나 꿩과 용의 행태 자체는 의연히 천의를 반영한다. 다만 그에 대한 해석과 대응은 인간의 영역이라는 생각이다. 이리하여 김유신은 왕을 안도케 한 다음, 허수아비를 만들어 불을 안겨 연에 실어 날렸다. 마치 별이 밤하늘로 오르는 듯하였다. 소문은 "지난밤 떨어졌던 별이 다시 하늘로 올라갔다"라는 것이었다. 그리고 백마를 잡아 별이 떨어진 곳에서 제사를 올리고 축문을 지어 하늘에 축원하였다. 이미 위구심에 사로잡힌 적들은 마침내 패멸하고 말았다.

그로부터 거의 500여 년 뒤의 고려에서도 상서와 흉조, 그리고 하늘의 뜻과 그에 대한 응답의 논의가 방불하게 재연되었다. 묘청의 거사가 있기 몇 달 전, 김부식은 신비적 길지론吉地論의 허구와 '인민애물仁民愛物'해야 하는 통치자의 당위를 들어 인종의 서경 행을 저지하였다. 그 직전에 임완林完도 재이에 대한 동중서董仲舒의 천견론天譴論을 들어, 인종으로 하여금 허황한 음양설을 끊고 묘청을 베는 것이 바로 하늘의 경계에 응답하는 길이라고 하였다. 그는 그 즈음 겹친 재변과 흉작, 벼락과 우레, 그리고 흰 무지개가 해를 꿰뚫는 현상을 하늘의 견책으로 해석하였다. 그리고 이에 대한 응답은 임금이 덕을 닦는 데서 비롯한다고 주장하였다.

임완이 상소하였는데, "… 임금이 덕을 닦아 하늘에 응답하면 복을 기약하지 않아도 복이 스스로 이르고, 만약 덕을 닦지 않고 한갓 헛된 형식만을 일삼으면 무익할 뿐만이 아니라 이는 바로 하늘을 모독할 따름입니다. … 이른바 덕이란 것을 어찌 다른 데서 구하겠습니까. 임금의 마음가짐과 정사를 궁행하심에 있을 뿐입니다. 하늘과 사람 사이가 아득히 멀리 떨어져 말로 통할 수 없으나, 착한 자에게 복을 주고 악한 자에게 화를 주는 것이 그림자나 메아리같이 빠르옵니다. 근년 이래로 재변이 여러 번 있었고 흉년이 겹쳤으며, 최근에 흰 무지개가 해를 꿰었고 4월에 벼락과 우레가 특히 이상하니, 하늘의 견책과 경고가 이와 같은 것은 하늘이 폐하를 사랑하여 붙들어 안전하게 하려는 것임을 볼 수 있습니다. … 대화궐의 역사를 일으킨 뒤로부터 지금 이미 7·8년에 재변이 거듭 이르니 이는 하늘이 반드시 이것으로써 폐하께 경고하여 반성하고 깨닫게 하심입니다. 폐하, 어찌 한 간신을 애석히 여겨 하늘의 뜻을 어겨서야 되겠습니까. 원하건대 묘청을 베어 하늘의 경계에 응답하시고 민심을 위로하소서"라고 하였다. (『고려사절요』 10 인종 12년 5월)

김부식과 임완 모두 천의를 논거로 삼는다. 다만 천의는 인간의 옳은 응답을 기다릴 뿐이다. 즉 신라의 김유신이 허수아비에 불을 안겨 연에 실어 날리면서 떨어졌던 별이 다시 하늘로 올라갔다고 소문을 내는 한편 백마를 잡아 하늘에 축원한 행위는 고려 중기 지식인들의 논리에 부합한다.

그와 같은 행위는 인간의 영역이자 천의에 대응하는 옳은 방식인 것이다.

2. 고대인의 일상 경험

이처럼 『삼국사기』에 선택된 고대의 경험적 사실이란 편찬자의 현실 인식과 공명하는 것들로 채워졌다고 보아야 옳다. 편찬자의 인식이란 중세의 현실에 기반을 둔 것이지만, 그렇다고 하여 인간과 세계에 대한 고대인들의 설명 방식에서 크게 벗어난 것은 아니다. 실제로 임완이 예거한 재이는 『삼국사기』의 사실 정보 가운데 적지 않은 비중을 점하고 있는 것들이다. 흰 무지개만 하더라도 진평왕, 성덕왕, 효성왕과 백제 성왕 대에 관찰 기록이 보인다. 맥락은 서로 다르나 일관하여 그것들은 흉조였다.

『삼국사기』가 중국 중심적 국제관계와 유교적 세계관에 충실하다는 것은 다시 말할 필요가 없다. 또한 일통의 주체로서 고려 왕조의 역사적 정당성과 충군·애민의 위계적 군신관은 편찬 주체가 견지하는 역사 인식의 근간을 이룬다. 편찬자들은 그들이 처한 현실의 여러 국면과 사유 방식을 기반으로 삼아 고대의 경험을 전승하고 설명하였다. 그러나 그것은 고대의 설명을 왜곡하거나 변개하는 방식이 아니라, 편찬자들의 공명 여하에 따른 취사의 결과였다. 따라서 중세의 인식 결과물로서 『삼국사기』의 정보와 설명은 고대의 본래 맥락과 고대인의 정서적 결을 크게 손상하지는 않았다고 판단한다.

이제 고대 삼국의 구성원들의 일상 경험과 정서가 두드러진 사례들을 헤아려 보기로 한다. 이를 위해 고구려의 주몽이 부여를 떠나 남쪽으로 내려오는 대목을 환기한다. 뒤에서는 부여의 기병들이 주몽 일행을 추격해 온다. 앞에는 큰 강이 가로놓여 있다. 강을 건널 다리도 배도 없다. 이때 저 유명한 주몽의 경이로운 기적이 일어났다.

주몽은 뒤쫓는 군사들에게 붙잡힐까 두려워 물을 향해 말하기를 "나는 천제의 아들이요 하백의 외손자이다. 오늘 도망하는 길인데 뒤쫓는 이들이 거의 닥쳐오니 어찌하면 좋겠는가?"라고 하였다. 이에 물고기와 자라가 떠올라 다리를 만들

그림 5 고구려 광개토왕비

어주어 주몽이 건널 수 있었다. 물고기와 자라가 곧 흩어져 버려 쫓아오던 기병들은 건너지 못하였다. (『삼국사기』 고구려본기 1 시조 동명성왕 즉위기)

광개토왕비에도 이 사건은 다음과 같이 쓰여 있다.

(왕께서) 순행하시어 남쪽으로 내려오시는데, 길이 부여의 엄리대수奄利大水를 지나게 되었다. 왕께서 나루에 임해 말하기를 "나는 황천의 아들이요 어머니는 하백의 따님이신 추모왕鄒牟王이다. 나를 위해 갈대를 잇고 거북을 띄워 올려라"라고 하였다. 말씀에 따라 곧바로 갈대가 이어지고 거북이 떠오르니, 그러한 뒤에 건널 수 있었다.

『삼국사기』에 표방된 사건 연대는 기원전 1세기 후반이다. 그로부터 450년 뒤에 작성된 광개토왕비의 내용은 다시 700년 뒤의 『삼국사기』기록과 크게 다르지 않다. 두 기록의 요체는 수중 생물들이 주몽의 도강을 도와 위기를 벗어나게 하였다는 것이다. 그들이 주몽 일행을 위해 다리를 이룬 것은 하백의 권능 때문이었을 것이다. 하백은 강을 주관하는 존재로서 지상에서 가장 강력한 힘의 표상이었다. 그러므로 주몽은 하늘과 땅의 가장 위대한 힘의 결웅체이다. 그의 신성이 수중생물들을 지배한 것이다.

고구려는 처음부터 큰 강을 끼고 문명을 건설해 왔다. 주몽이 처음 도읍한 졸본성卒本城은 지금의 요녕성遼寧省 환인桓仁 일대로 추정되는데, 혼강渾江이 높고 험준한 오녀산성五女山城을 휘감고 흐른다. 두 번째 수도인 국내성國內城은 지금의 길림성 집안集安에 있었으며, 압록강을 사이에 두고 북한 자강도의 만포시와 마주한 곳이다. 그리고 세 번째 수도인 평양은 대동강 변에 자리잡고 있다. 그러므로 이른 시기부터 고구려인들은 강 주변의 생태를 일상 가운데서 경험하였을 것이다. 그들은 수중 생물들의 산란이나 부화와 같은 주기적 생리 현상과, 강안에 빽빽하게 엉키고 우거진 수초들을,

오랫동안 반복적으로 관찰하였을 것이다. 산란기에 수백 킬로미터의 강을 역류해 올라가는 연어의 무리나 백사장을 까맣게 뒤덮는 바다거북을 떠올려 봄 직하다.

그와 같은 일상 경험은 그것들을 밟고 강을 건널 수도 있겠다는 상상력의 바탕이 된다. 그리하여 위난에 처한 위대한 시조가 걸어서 강을 건너게 된 신성한 이적을 위한 서사적 재료가 되었을 것이다. 신성한 시조의 행적에 대해 고구려인들은 기억을 공유하면서 전승을 거듭해 왔을 것이다. 이규보가 말하였듯이 고려의 문맹자들조차 고구려 동명왕의 신이한 영웅담을 다 알고 있었다 하니, 고구려 시대에야 두말할 나위가 없을 것이다. 이렇게 하여 이 초현실적이며 믿기 어려운 도강의 이야기는 고구려인들의 엄연한 역사이자 신화가 된 것이다.

일상의 경험이 반복된다는 것은 일종의 자연 법칙에 비견될 수도 있다. 법칙이란 어떤 현상을 예측할 수 있게 한다. 계절이 순차적으로 바뀌면서 풍광과 작물과 천체와 기후가 그에 상응하여 변한다. 물론 그처럼 계절과 생태가 순조롭게 조응하는 것들에 대해서는 새삼 설명이 필요하지 않다. 오히려 범상치 않은 것들, 말하자면 생태의 질서를 일탈하는 현상들에서 사람들은 성찰의 계기를 만난다. 여름에 서리가 내리고 겨울에 꽃이 피는 일탈이 『삼국사기』에 빈번하게 기록된 이유가 여기에 있다. 그런데 그와 같은 일탈이 다시 반복적으로 특정 현상과 연동하여 관찰된다면, 그 역시 경험적 법칙으로 간주될 것이다.

조분이사금助賁尼師今 17년(246) 겨울 10월에 동남방 하늘에 흰 기운이 '피륙을 편 듯' 뻗쳤다. 11월에 수도에 지진이 있었다. 18년 여름 5월에 왕이 죽었다. (『삼국사기』 신라본기 2)

자비마립간慈悲麻立干 21년(478) 봄 2월 밤에 붉은 빛이 '피륙을 편 듯' 땅에서 하늘까지 뻗쳤다. 겨울 10월에 수도에 지진이 있었다. 22년 봄 2월 3일에 왕이 죽었다. (『삼국사기』 신라본기 3)

아신왕阿莘王 14년(405) 봄 3월에 흰 기운이 왕궁 서쪽에서 일어났는데, 마치 '피륙을 편 듯' 뻗쳤다. 가을 9월에 왕이 죽었

다. (『삼국사기』 백제본기 3)

신라의 두 왕과 백제의 아신왕은 희거나 붉은 빛발이 솟구쳐 뻗치는 현상이 관찰된 후 일 년 이내에 죽었다. 그렇다고 하여 '피륙을 편 듯'한 수직성 빛다발과 국왕의 죽음 사이에 어떤 경험적 인과 관계가 있을 리 없다. 그러나 저와 같이 기록된 이상, 양 요소 사이에 어떤 형태의 인과성이 작동하고 있는 것처럼 읽힌다. 주몽이 수중 생명들의 도움으로 강을 건넌 것과 그가 강을 지배하는 하백의 외손이라는 사실은 동명왕 신화에서 서로 긴밀하게 연동되어 있는 요소인 것과 마찬가지다. 다시 말해 실제로 그러해서가 아니라, 그렇게 여기고 있기 때문에 중요한 것이라고 말할 수 있을지도 모르겠다.

신라의 왕들에 한정하여, 왕의 죽음과 연동되어 기록된 것으로 짐작되는 관찰 정보들을 몇 가지 추려 보기로 한다.

혁거세거서간 60년 가을 9월에 두 마리의 용이 금성의 우물에 나타나더니 심하게 우레가 치고 비가 쏟아졌으며, 성의 남문에 벼락이 쳤다. 61년 봄 3월에 거서간이 승하하였다.

유리이사금儒理尼師今 33년 여름 4월에 용이 금성金城의 우물에 나타났는데, 조금 있다가 서북쪽에서 폭우가 몰려왔다. 5월에 큰 바람이 불어 나무가 뽑혔다. 34년 겨울 10월에 왕이 죽었다.

탈해이사금脫解尼師今 24년 여름 4월에 수도에 큰 바람이 불어 금성의 동문이 저절로 무너져 내렸다. 가을 8월에 왕이 죽었다.
파사이사금婆娑尼師今 32년 여름 4월에 성문이 저절로 무너졌다. … 33년 겨울 10월에 왕이 죽었다.

일성이사금逸聖尼師今 20년 겨울 10월에 궁궐 문이 불탔다. 혜성이 동방에 나타나더니, 또 동북방에도 나타났다. 21년 봄 2월에 왕이 죽었다.

벌휴이사금伐休尼師今 13년 여름 4월에 궁궐 남쪽의 큰 나무에 벼락이 쳤고, 또 금성 동문에도 벼락이 쳤다. 왕이 죽었다.

실성이사금實聖尼師今 15년 여름 5월에 토함산이 무너지고, 우물물이 3장이나 솟구쳤다. 16년 여름 5월에 왕이 죽었다.

눌지마립간訥祗麻立干 42년 봄 2월에 지진이 있어 금성 남문이 저절로 무너졌다. 가을 8월에 왕이 죽었다.

소지마립간炤智麻立干 22년 여름 4월에 폭풍이 불어 나무가 뽑혔으며, 용이 금성의 우물에 나타났고, 수도에 황색 안개가 끼어 사방의 시야를 막았다. … 겨울 11월에 왕이 죽었다.

진평왕 53년 가을 7월에 … 흰 무지개가 궁궐 우물물을 머금고, 토성이 달을 범하였다. 54년 봄 정월에 왕이 죽었다.

진덕왕眞德王 6년 3월에 수도에 큰 눈이 내렸으며, 왕궁의 남쪽 문이 까닭 없이 저절로 무너졌다. … 8년 봄 3월에 왕이 죽었다.

태종 무열왕 8년 6월에 대관사大官寺의 우물물이 피가 되고,

금마군金馬郡에서는 땅에서 피가 흘러 너비가 5보나 되더니, 왕이 죽었다.

경덕왕景德王 23년 3월에 혜성이 동남방에 나타나고, 용이 양산楊山 아래 나타나더니 조금 있다가 날아가 버렸다. 24년 … 6월에 유성이 심성心星을 침범하였다. 이 달에 왕이 죽었다.

경문왕景文王 15년 여름 5월에 용이 왕궁의 우물에 나타나더니, 조금 있다가 구름과 안개가 사방에서 모여들자 날아갔다. 가을 7월 8일에 왕이 죽었다.

위의 왕들 외에도 자연 재해에 뒤이어 왕이 죽는 사태는 드물지 않다. 다만 위에 인용한 것들은 주로 왕성의 우물에 나타난 변고나 용의 출현, 그리고 성궐의 문에 나타난 변고 따위에 해당하는 사례들이다. 사례들 가운데 그 어떤 변고도 그것이 왕의 죽음과 직접 인과 관계에 있다고 볼 논거는 없다. 어쩌면 왕의 죽음에 대한 예조라고 단정하기도 쉽지 않다.

특정 현상이 특정 인물의 죽음을 암시한 경우가 없지는 않다. 예컨대 진흥왕은 황룡사皇龍寺에 모신 장육상에서 눈물이 흘러나와 발꿈치까지 적시는 사태가 발생한 이듬해에 죽었는데, 이 경우 장육상의 눈물은 왕의 죽음에 대한 예조임에 틀림없다. 황룡사의 개창이나 장육상의 주조는 모두 진흥왕의 배려와 인연으로 이루어졌기 때문이다. 이것은 마치 진흥왕 사후 영흥사永興寺로 들어가 비구니로 지내던 진흥왕의 비가 영흥사의 소조 불상이 저절로 무너져 내린 뒤에 곧이어 죽은 것과도 같은 맥락이다. 그러나 많은 왕들의 죽음은 그 직전에 관찰된 비일상적 사태와 그다지 논리적 인과 관계가 가늠되지 않는다.

그럼에도 불구하고 독자들이 더욱 주의를 기울여야 할 사항은, 저와 같은 현상들 자체는 여하튼 고대인들에 의해 경험된 사태라는 것이다. 용의 출현과 우물물의 변고, 혹은 우레와 지진과 유성과 건조물의 도괴 따위는 예나 지금이나 일상 가운데서 언제든지 일어날 수 있는 일이다. 다만 그러한 사태들은 뒤이은 왕의 죽음으로 인해 새삼 새로운 의미로 환기되었을 뿐이다. 만약 왕이 그 직후 죽지 않았다

면 그와 같은 현상과 사태 역시 기록될 이유가 없다. 그것
들은 항상적 경험이요 일상의 부분이되, 왕의 죽음에 근접
한 경험들이라 주목되고 기록된 것이었다.

　같은 경험이긴 하지만, 아래의 정보들은 전혀 다른 성격의
사실 기록이다. 고구려 장수왕이 중국의 남북조 왕조에 사
신을 파견한 기록들을 고구려본기에서 발췌해 본 것이다.

13년에 사신을 위魏에 보내 조공하였다.

23년 여름 6월에 왕이 사신을 위에 들여보내 조공하면서 황

제들의 이름자를 알려 줄 것을 요청하였다. … 가을에 왕이

사신을 위에 들여보내 은혜에 감사하였다.

25년 봄 2월에 사신을 위에 들여보내 조공하였다.

27년 겨울 11월에 사신을 위에 들여보내 조공하였다. 12월

에 사신을 위에 들여보내 조공하였다.

43년에 사신을 송宋에 들여보내 조공하였다.

50년 봄 3월에 사신을 위에 들여보내 조공하였다.

53년 봄 2월에 사신을 위에 들여보내 조공하였다.

54년 봄 3월에 사신을 위에 들여보내 조공하였다.

55년 봄 2월에 사신을 위에 들여보내 조공하였다.

56년 여름 4월에 사신을 위에 들여보내 조공하였다.

57년 봄 2월에 사신을 위에 들여보내 조공하였다.

58년 봄 2월에 사신을 위에 들여보내 조공하였다.

60년 봄 2월에 사신을 위에 들여보내 조공하였다. 가을 7월에 사신을 위에 들여보내 조공하였다.

61년 봄 2월에 사신을 위에 들여보내 조공하였다. 가을 8월에 사신을 위에 들여보내 조공하였다.

62년 봄 3월에 사신을 위에 들여보내 조공하였다. 가을 7월에 사신을 위에 들여보내 조공하였다. 사신을 송에 들여보내 조공하였다.

63년 봄 2월에 사신을 위에 들여보내 조공하였다. 가을 8월에 사신을 위에 들여보내 조공하였다

64년 봄 2월에 사신을 위에 들여보내 조공하였다. 가을 7월에 사신을 위에 들여보내 조공하였다. 9월에 사신을 위에 들여보내 조공하였다.

65년 봄 2월에 사신을 위에 들여보내 조공하였다. 가을 9월에 사신을 위에 들여보내 조공하였다.

66년에 사신을 송에 들여보내 조공하였다.

67년 봄 3월에 사신을 위에 들여보내 조공하였다. 가을 9월에 사신을 위에 들여보내 조공하였다.

69년에 사신을 남제南齊에 들여보내 조공하였다.

72년 겨울 10월에 사신을 위에 들여보내 조공하였다.

73년 여름 5월에 사신을 위에 들여보내 조공하였다. 겨울 10월에 사신을 위에 들여보내 조공하였다.

74년 여름 4월에 사신을 위에 들여보내 조공하였다.

75년 여름 5월에 사신을 위에 들여보내 조공하였다.

76년 봄 2월에 사신을 위에 들여보내 조공하였다. 여름 4월에 사신을 위에 들여보내 조공하였다. 가을 윤 8월에 사신을 위에 들여보내 조공하였다.

77년 봄 2월에 사신을 위에 들여보내 조공하였다. 여름 6월에 사신을 위에 들여보내 조공하였다. … 겨울 10월에 사신을 위에 들여보내 조공하였다.

78년 가을 7월에 사신을 위에 들여보내 조공하였다. 9월에 사신을 위에 들여보내 조공하였다.

79년 여름 5월에 사신을 위에 들여보내 조공하였다. 가을 9월

에 사신을 위에 들여보내 조공하였다. (이상 모두 『삼국사기』 고구려본기 6)

장수왕 치세 중 다른 사건 기사들이 없는 것은 아니지만, 거의 전 기간에 걸쳐 이러한 조공 사실들이 태반을 차지한다. 아마 중국의 역사 기록들에서 고구려 관련 정보를 발췌해 싣다 보니 이렇듯 기형적인 결과를 낳았을 것이다. 그만큼 고구려인들이 직접 남긴 기록물이 희소하였던 까닭이다.

연구자들은 이 건조하고도 지루한 조공 기사의 반복에서도 5세기 고구려와 남북조 간의 역관계와 교섭의 성격을 읽어 내려 노력한다. 그들은 저 조공 외교가 '실제 있었던 일'이라는 데 의혹을 지니지 않는다. 그렇다면 왕들의 죽음과 관련한 관찰 기록들도 '실제 있었던 일'이라는 점에서 정보의 자질에서는 동등하다고 해야 한다. 더구나 일견 비논리적이거나 비인과적으로 비쳐지는 그것들이야말로 고대인들의 정서와 사유를 더욱 진술하게 전한다. 오늘의 독자들이 정작 다가서고자 하는 영역은 오히려 저와 같은 고대인들의 일상 경험과 생활 정서가 아닐까.

3. 고대적 사유 방식

고대인들의 생활 정서를 헤아리기 위해 몇 가지 사실 정보들을 소개해 본다. 고구려 3대 왕인 대무신왕大武神王 재위 3년(20)째 되던 해의 일이다. 『삼국사기』 고구려본기의 기록에 따른다면, 주몽이 부여로부터 분지해 내려와 자신의 왕조를 세운 지 반 세기 남짓 흘렀다. 부여와 고구려는 자못 긴장된 관계에 있다.

겨울 10월에 부여 왕 대소帶素가 사신을 시켜 붉은 까마귀를 보내왔는데, 머리 하나에 몸뚱이가 둘이었다. 처음에 부여 사람이 이 까마귀를 얻어 부여 왕에게 바치자, 어떤 이가 말하기를 "까마귀라는 것은 검은 것인데 지금 변해 붉은 빛이 된 데다가, 또 하나의 머리에 두 몸이 달린 것은 두 나라를 아우를 징조이니, 왕께서 아마 고구려를 차지하시려나 봅니다"라고 하였다. 대소가 이 말을 듣고 기뻐 까마귀를 보내오면서 그 어떤 이의 해석까지 함께 전하였다. 왕과 여러 신하들이 논의해 회답하기를 "검은 것은 북방의 색인데 이제 변해 남방의 색이 되었으며, 또 붉은 까마귀는 상서로운 것인데 그대가 이를 얻고도 가지지 못하고 나에게 보냈으니, 우리 두 나라의 흥망을 알 수 없겠구나!"라고 하였다. 대소가 이 말을 듣고 놀라워하고 후회하였다. (『삼국사기』 고구려본기 2)

부여에 출현한 까마귀는 색조가 붉은 데다가 머리가 둘 인 변이였다 한다. 관찰된 사실이긴 하나 범상한 일상 경험 은 아니다. 이런 경우 해석이 필요하다. 즉 대상의 의미를 감각 수단으로 파악할 수 없을 때 그것은 상징의 영역에 있 는 것이며, 전문가의 해석을 만나 비로소 대상의 의미는 드 러나게 된다. 부여의 '어떤 이'는 이 변종 까마귀의 출현을 부여가 고구려를 차지할 징조로 해석하였다. 득의한 부여 의 왕 대소는 까마귀를 고구려에 보내며 거만하게 굴었다. 대소는 일찍이 주몽을 살해하려 책동하였던 자였으며 끊임 없이 건국 초기 고구려와 갈등하였던 터라, 고구려 조정은 일시 당황하였을 것이다. 그러나 그들은 곧 대응 논리를 마 련하여 오히려 대소를 초조하게 했다 한다.

과연 부여는 얼마 후 고구려로부터 치명상을 입었다. 즉 대무신왕이 이듬해 겨울 부여를 향해 출격하여 부여 왕의 목을 베었다 한다. 부여가 패망한 것은 아니며 고구려도 병력과 물자의 손실이 막대하였지만, 이 전쟁은 종래 부여와 고구려의 역관계를 역전시킨 계기가 되었다. 고구려인들의 기억 속에 크게 각인되고 오래도록 전승되기에 충분한 사건이었다. 이 사건의 중요성은 붉은 까마귀가 출현하기 꼭 10년 전에도 유사한 예조가 주목받았던 사실로도 입증된다.

유리명왕 29년(10) 여름 6월에 모천冘川 가에서 검은 개구리와 붉은 개구리들이 떼 지어 싸우더니, 검은 개구리 쪽이 이기지 못하고 죽었다. 이를 보고 의견을 내는 이가 말하기를 "검은 것은 북방의 색이니 북부여가 파멸될 징조다"라고 하였다. (『삼국사기』 고구려본기 1)

이것은 5행五行 사상에 따른 5방五方 색의 상징 논리이다. 즉 북쪽의 부여와 남쪽의 고구려를 검은색과 붉은색으로 표상하였다. 그로부터 10년 뒤 머리 하나에 몸이 둘 달린 붉은 까마귀의 출현은 그 귀결을 다시 형상화한 것에 불과하다. 하나의 머리가 두 몸을 거느리되 온통 붉은색이 되었으니 부여가 고구려의 질서에 포섭되는 형국이다.

그러나 개구리들의 싸움이든 붉은 까마귀의 출현이든, 그것을 부여와 고구려 사이의 전쟁 결과와 드러난 현상의 예조로 수긍하는 것은 어쨌든 사건이 종결된 이후의 설명이자 해석일 뿐이라는 점을 놓쳐서는 안 된다. 즉 과거에 관찰된 그것들은 엄중한 현실의 사태를 설명하기 위해 새삼 환기되고 동원된 것들에 불과하다. 이상 기후나 생태 조건의 교란 등은 언제나 발생할 수 있으며, 그에 따라 기형적 변이가 출현하거나 동식물상에 나타난 일탈적 현상을 조우하는 일 또한 일상의 경험일 뿐이다. 다시 말해 머리 하나에 몸이 둘인 붉은 까마귀는 자연 법칙을 일탈한 변이이긴 하나 본질적으로 일상 경험의 영역에 있는 한편, 그것은 부여에 대한 고구려의 병탄 전쟁이라는 현실의 사태를 만나서야 비로소 의미가 해석되고 드러나는 상징으로 전화하는 것이다. 이 점에서 『삼국사기』의 수많은 경험 정보들은 유의할 만한 사건 이후에 환기되고 채택된 상징물들이라고 말해도 좋을 것이다.

흥미롭게도 그와 같은 상징의 해석 또한 고대의 구성원들 사이에 널리 공유되어 있었다. 그것들은 고대인들 사이에서 보편적인 사유의 형태로 나타난다. 왕들의 죽음을 이끌어 낸 조짐으로 저록된 우물과 용과 성문 따위의 이변과 마찬가지로, 머리 하나에 몸이 둘인 기형은 고구려는 물론 백제와 신라에서도 두 나라를 아우를 조짐으로 해석되기에 맞춤이었다.

온조왕 25년(7) 봄 2월에 왕궁의 우물물이 갑자기 넘쳤다. 한성漢城의 인가에서 말이 소를 낳았는데, 머리 하나에 몸이 둘이었다. 일자日者가 말하기를 "우물물이 갑작스레 넘치는 것은 대왕께서 크게 융성하실 조짐이요, 소가 머리 하나에 몸이 둘인 것은 대왕께서 이웃 나라를 아우를 징조입니다"라고 하였다. 왕이 이 말을 듣고 기뻐하여 드디어 진한과 마한을 아우를 마음을 가지게 되었다. (『삼국사기』 백제본기 1)

태종 무열왕 2년(655) 겨울 10월에 우수주牛首州에서 흰 사슴을 바쳤다. 굴불군屈弗郡에서는 흰 돼지를 바쳤는데, 머리 하나에 몸이 둘이었고, 발은 여덟 개였다. (『삼국사기』신라본기 5)

백제에서도 머리 하나에 몸이 둘인 변이가 출현하였다. 왕궁의 우물물이 솟구친 것은 변이의 해석에 확신을 더해 주었다. 온조왕의 백제는 다른 정치체를 병합할 것이었다. 과연 이듬해 온조왕은 인접한 마한을 습격하여 병탄하는 데 성공하였다. 백제사의 전개에서 마한이 지니는 위상과 그 병탄의 의미는 고구려사에서 차지하는 부여의 그것과 거의 같은 것이었다.

신라에서는 태종 무열왕 때에 와서 같은 변이의 출현이 기록되었다. 흰 사슴과 흰 돼지가 연이어 출현하였다. 특히 돼지는 머리가 하나인데 몸이 둘이었다. 우리 고대인들 사이에서 흰 빛깔의 동물은 대체로 상서로운 개체로 간주되어 왔으니, 역시 저 기형의 돼지가 의미하는 바야 이미 충분한 것이었다. 신라는 인접한 왕조를 병탄할 것이었다. 7세기 중엽 신라는 고구려·백제와 함께 국가적 명운이 걸린 대규모의 격돌을 예비하고 있었다. 그로부터 5년 뒤 신라는 당의 병력과 연합하여 백제를 패멸시켰으니, 그 규모에 비례하여 조짐과 귀결의 긴 시간 폭도 수긍되었을 것이다.

게다가 몇 해 전에는 신라의 변이와는 정반대 맥락의 변이가 고구려에서 출현하였다. 즉 안시성安市成에서 좌절당한 당 태종 측에서 고구려에 대한 재침 논의가 구체적이고도 급박하게 진행되던 보장왕 7년(648) "가을 7월에 왕도의 여자가 아들을 낳았는데, 몸 하나에 머리가 둘이었다." 하나의 머리에 몸이 둘인 경우와는 반대로 몸은 하나인데 머리가 둘이라면 분열의 조짐이다. 역시 꽤 긴 시간 뒤의 일이지만 고구려는 최고 권력 집단의 대립 갈등과 적전 투항 등 내부 분열로 인해 패망하였으니, 그에 대한 예조일 수 있다.

거듭 말하지만 오늘의 독자들은 어느 누구라도 저 변종의 개체와 왕조들의 운명이 어떤 인과적 요소로 작동하였다고 여기지 않는다. 다만 그렇게 여기고 있었던 고대인들의 사유 방식에는 유의할 필요가 있다. 2천 년 전 경험 주체들의 세계관과 정서의 결을 이해하고자 한다면, 바로 그 당시 사람들의 생각과 논리를 외면하고서야 다가설 길이 없

을 것이기 때문이다. 오늘의 독자가 동의하느냐 못 하느냐
의 문제에 앞서, 고대인들이 여기고 있는 진실과 그에 대한
설명은 고유한 가치를 지닌다. 하물며 삼국의 구성원들이
공감하는 설명과 사유는 특히 주목되고 존중되어야 한다.

삼국인들 사이에 해석이 공유되어 있었을 확실한 사례
하나를 더 들어 본다. 660년 7월 18일 의자왕을 비롯한 백
제 조정은 신라와 당의 공격군 앞에 항복하였다. 딱 한 달
전인 6월 18일 김유신의 신라군은 남천정南川停에 도착하였
고, 소정방의 당 군은 덕물도德物島를 향하고 있었다. 그즈음
백제 조정의 장면은 이러하다.

웬 귀신 하나가 궁궐에 들어와서 큰 소리로 "백제가 망한다!
백제가 망한다!" 외치고는 곧 땅으로 들어가 버렸다. 왕이 괴
이쩍게 여겨 사람을 시켜서 땅을 파 보게 하니 깊이 3척쯤
되는 곳에 웬 거북이 한 마리가 있었는데, 그 등에 글씨가 있
는바 "백제는 둥근 달과 같고 신라는 초승달과 같다"라고 하
였다. 왕이 무당에게 물으니 대답하기를 "둥근 달과 같다는
것은 가득 찬 것이니 가득 차면 이지러지는 것이요, 초승달

과 같다는 것은 아직 차지 않은 것이니 아직 차지 않은 것이라면 점점 차게 되는 것입니다"라고 하였다. 왕이 노하여 그를 죽여 버렸다. 어떤 이가 말하기를 "둥근 달과 같다는 것은 왕성한 것이요, 초승달과 같다는 것은 미약한 것이니, 생각건대 우리나라는 왕성해지고 신라는 차츰 쇠약해지는가 싶습니다"라고 하였다. 이에 왕이 기뻐하였다. (『삼국사기』 백제본기 6 의자왕 20년 6월)

왕조의 운명은 이미 결정되었다. 백제는 '둥근 달[滿月]'이고, 신라는 '초승달[新月]'이다. 문제는 이 변고에 대한 해석이요 그 해석이 지시하는 바로서 현실에 대한 설명이다. '무당'은 죽임을 당하였고, '어떤 이'는 살길을 찾았다. 무당의 죽음이 무고했던 것은 백제의 멸망으로 증명된다. 거북의 등에 있는 참서는 충분히 해석 가능한 예조였다. 비록 해석을 기다려야만 의미를 얻는 것이긴 하나, 당대 해석자의 판단 영역 안에 있기 때문에 그것은 타당한 예조이다. 그 타당성은 당대인의 보편적 사유에 근거한다.

고구려 멸망을 설명하는 데에서도 만월과 신월의 논리가

동원되었다. 예컨대 『삼국유사』가 인용한 『고려고기高麗古記』
에는 당 태종이 보낸 도사들이 고구려 국내의 유명한 산천
을 돌아다니며 진압했다고 하면서, 만월과 신월의 논리를
개입시켰다. 즉 "옛 평양성은 지세가 신월성이므로 도사들
은 주문으로 남하南河의 용에게 성을 더 쌓게 하여 만월성으
로 만들었다"라는 것이다. 백제의 경우가 참언으로 나타난
데 반해 고구려의 경우는 왕성의 형세에 가탁한 차이가 있
을 뿐, 만월이 패멸의 상징이라는 점에는 차이가 없다.

왕성의 형국에 담긴 만월과 신월의 논리는 신라에서도
확인된다.

처음 혁거세 21년에 궁성을 쌓아 금성이라고 하였다. 파사
왕 22년(101)에는 금성 동남쪽에 성을 쌓아 월성月城, 혹은 재
성在城이라고 불렀는데, 둘레는 1,023보이다. 신월성 북쪽에
만월성이 있는데 둘레는 1,838보이다. 또 신월성 동쪽에 명
활성明活城이 있는데 둘레는 1,906보이다. 또 신월성 남쪽에
남산성南山城이 있는데 둘레는 2,804이다. 시조 이래로 금성
에 거처하다가 후세에 와서는 주로 신월성과 만월성에 거처

그림 6   경주 월성 항공 사진 (출처: 문화재청)

하였다. (『삼국사기』 잡지 3 지리지 1)

이것은 『삼국사기』 지리지 가운데 신라의 왕성을 설명한 대목이다. 신라의 왕성에는 신월성과 함께 만월성도 있었다. 신라의 왕들은 주로 이 두 성에 기거했다 한다. 다만 어떤 때 어떤 연유로 두 성 가운데 하나를 거처로 선택하였는지에 대해서는 드러나 있지 않다. 그러나 신라의 왕들이 이 두 성에 선택적으로 기거하는 방식에는 필시 신월과 만월의 상징이 고려되었을 것이다. 모습을 변해 가는 달은 삼국인들 사이에서 다름없이 관찰되었다. 달이 차고 이지러지는 것은 해의 출몰에 비해 훨씬 역동적이며 인상적인 주기성을 각성시킨다.

물론 이와 같은 설명이 고대 삼국의 명운을 설명하는 인과적 논리로 수긍될 수는 없다. 그러나 그 설명의 배면에 있는 고대인의 일상과 그로부터 구체화되는 사유는 정당하게 주목되어야 한다. 과거의 사실과 경험들은 우선 과거의 맥락에서 음미되어야 하기 때문이다.

4. 기억과 설명의 확산과 전승

역사는 경험에 대한 기록이다. 경험은 우선 기억을 거쳐 설명의 형태로 재구성될 것이다. 『삼국사기』에 있는 정보들을 음미하다 보면, 설명할 필요가 있는 사태에 대해 기억을 동원했다고 하는 편이 대체로 실상에 가까운 것 같긴 하다. 하나의 경험에 대해 서로 다른 기억들이 경합할 수도 있을 것이다. 그 가운데 어떤 설명이 우위를 차지할 것인가는 설명이 지닌 설득력 여하에 달려 있다. 경험을 공유한 이들 사이에 공감을 획득한 설명은 확산되고 전승된다. 그 과정에서 새로운 설명적 요소가 추가되기도 하고, 반대로 탈락해 사라지는 요소도 있을 것이다. 당연히 새로운 전승자들은 의도하지 않은 채로 설명을 변형시킬 수도 있다.

『삼국사기』에 있는 설명들은 그처럼 장구한 동안 복잡다단한 과정을 거쳐 문자 기록으로 정착한 설명들이다. 그것들은 고대의 경험자들이 처음 구성했을 설명으로부터도 어느 정도 변화를 겪었을 것이지만, 오늘의 독자들 눈에는 더더구나 낯설고 불친절한 설명이 되고 말았다. 역사책에는 당연히 '경험된 사실'이 담겨 있어야 하며, 그러한 사실들은 인과적 설명력에 기여해야 하나, 『삼국사기』에 있는 많은 정보들은 그 사실로서의 의미를 쉽게 드러내지 않는다. 이때 독자들은 상당한 역사적 상상력을 동원하여 감춰진 맥락을 발견해 내지 않으면 안 된다. 『삼국사기』 이외의 다른 정보들, 예컨대 국내외의 다른 기록물이라거나 발굴된 유물 현상 등이 여기에 결정적으로 기여하기도 한다.

고구려본기에는 고구려를 창국한 주몽이 나라를 세운 이듬해부터 3년 동안의 역사가 다음과 같이 서술되었다.

동명성왕 2년(기원전 36) 여름 6월에 송양松讓이 나라를 들어 항복해 오므로, 그 땅을 다물도多勿都라 하고 송양을 그 주인으로 봉하였다. 고구려 말로 옛 땅을 회복한 것을 일러 '다물'이라고 하였기 때문에 그렇게 이름한 것이다.

3년 봄 3월에 황룡이 골령鶻嶺에 나타났다. 가을 7월에 상서로운 구름[慶雲]이 골령 남쪽에 나타났는데, 그 빛이 푸르고 붉었다.[靑赤]

4년 여름 4월에 구름과 안개가 사방에서 일어나 사람들이 7일 동안이나 물상의 빛깔을 분별하지 못하였다. 가을 7월에 성곽과 궁실을 지었다. (『삼국사기』 고구려본기 1)

드러난 정보 자체만으로는 사태의 흐름이 명료하게 잡히지 않는다. 우선 재위 2년에 송양의 나라를 수중에 넣은 것은 하나의 사건 정보로서 수긍할 만하다. 이 사건이 '다물'이라는 말의 처음 유래라는 것도 흥미롭다. 비록 그 구체적 과정이 미비하고 부족한 정보로 인해 궁금증은 꼬리를 물지만, 그 정도가 『삼국사기』의 다른 기록들에 비춰 심한 것은 아니다. 문제는 3년과 4년의 정보들이다.

3년 3월에 황룡이 골령에 나타나더니, 7월에는 다시 푸르고 붉은 구름이 골령에 나타났다. 황룡과 구름, 그리고 그들의 공간으로서 골령이 주요 요소다. 4년 4월에 운무가 7일간 이례적으로 짙었으며, 7월에 궁성을 지었다 한다. 하나하나를 떼어 놓고 보면 이해 못 할 바도 아니다. 그러나 그것들 하나하나가 서로 어떻게 연관되는지는 알 수 없다. 오늘날의 역사학에 익숙한 눈으로 본다면 "7월에 성곽과 궁실을 지었다"라고 한 대목 외에는 주목할 정보가 아닐지도 모른다. 많은 사람들이 실제로 그렇게 여기기도 한다. 그렇다보니 황룡과 골령과 구름의 빛깔과 7일 동안 사람들의 눈을 가린 암묵의 운무 따위는 아무런 정보 자질을 인정받지 못한 채 말 그대로 버려지고 만다.

그와 같은 처리가 옳지 않은 이유는 여러 가지다. 우선 그렇게 버리다 보면 가뜩이나 빈약한 『삼국사기』 정보의 상당 부분을 방기하게 된다. 더구나 방기되는 사료들이란 중국 측 자료에서 발췌한 기록이 아니라 대부분 삼국인들의 정서와 경험이 스며 있는 것들이다. 무엇보다도 골령과 청적색 구름과 7일의 운무와 궁성의 축조는 서로 연관된 요소들인데, 오늘의 독자들이 그 연관을 놓치고 있을 뿐이라는 것이다. 이규보가 「동명왕편」에서 인용한 이른바 『구삼국사』의 관련 대목에는 분절되어 보이는 정보들을 이어줄 맥락의 단서가 있다.

7월에 검은 구름이 골령에 일어나서 사람들이 그 산을 보지 못했는데 오직 수천 명의 소리가 마치 토목 공사를 하는 것처럼 들렸다. 왕께서는 "하늘이 나를 위하여 성을 쌓는 것이다"라고 하였다. 7일 만에 구름과 안개가 스스로 걷히자 성곽과 궁실과 누대가 저절로 이루어져 있었다. 왕이 황천皇天께 절하여 감사하고 나아가 살았다. (『동국이상국전집』 3 고율시 「동명왕편」)

이로써 적어도 『삼국사기』의 동명성왕 4년 4월과 7월의 정보는 어느 정도 본맥을 회복하게 되었다. 고구려의 신성한 시조를 위해 하백의 권능 하에 있는 수중생물들이 다리를 만들어 보위하였던 것처럼, 황천이 하늘의 공인들을 보내 궁성과 누대를 건조해 준 것이다. 이것이 고구려본기에서는 4월과 7월로 분절되면서 경험자들의 설명력이 설득력을 잃고 만 셈이다.

남은 것은 3년의 황룡과 푸르고 붉은 구름의 문제다. 4년의 사태가 골령에서 벌어진 사건이었음이 드러난 이상, 3년의 사태는 필시 4년의 사건에 대한 예조로 안배되었을 것이다. 4년의 4월과 7월 정보가 연관된 일련의 사건이었던 것처럼, 3년의 3월과 7월 정보 역시 다르지 않았을 것이다. 즉 골령에 하늘의 뜻을 매개하는 상서로서 황룡이 상서로운 청적색 구름 가운데 출현하였던 것이겠다. 그리고 그것은 장차 하늘이 왕을 위해 궁실과 성곽을 건조해 줄 조짐이었다.

구름의 형용이 '청적' 즉 푸르고 붉었다 한 점을 더 생각해 본다. 이것은 층운으로서, 위아래가 붉고 푸른 빛깔로 배열된 모습을 이른다고 생각한다. 배열의 순서는 단정할 수 없는 채로나마 그것이 수직적 층운의 형용이라는 점은 쉽게 상상할 수 있다. 백제본기와 신라본기에도 그와 같은 층운의 관찰 정보가 있다.

고이왕古爾王 26년(259) 가을 9월에 푸르고 자줏빛 도는 구름

[青紫雲]이 궁궐 동쪽에서 피어올랐는데 마치 누각과 같았다.
(『삼국사기』 백제본기 2)

실성이사금 12년(413) 가을 8월에 구름이 낭산狼山에서 일어
났는데, 멀리서 보면 누각같이 생겼고 향기가 자욱하여 오래
도록 없어지지 않았다. 왕이 이르기를 "이것은 필시 신선이
내려와 노니는 것이니, 응당 복 받은 땅이로다"라고 하여, 이
후로는 사람들이 이곳에서 나무를 베지 못하게 하였다. (『삼
국사기』 신라본기 3)

백제본기의 구름은 '청자' 빛이되 누각 모양이었다. 누각
모양이라는 것은 위로 솟은 층운을 말한 것이겠다. '청자'는
고구려의 '청적'과 다르지 않다. 신라에서도 낭산에 누각형
구름이 피어올랐는데, 왕은 이를 신선이 내려와 노니는 복
받은 땅이라 해석하고 벌목을 금지하였다. 그렇다면 고구
려의 푸르고 붉은 구름도 누각처럼 솟아올랐을 것이다. 더
구나 그와 같은 예조에 따라 누대와 성곽과 궁실이 지어졌
지 않은가.

붉은색과 푸른색의 배열 위치는 백제본기의 누각형 구름 관찰 기록에 이어지는 정보에서 짐작할 수 있다. 백제에서는 고이왕 26년에 저처럼 청자색 구름이 누각처럼 솟아오른 뒤 정연한 관제의 정비와 복색의 제정이 이루어졌다.

고이왕 27년(260) 봄 정월에 내신좌평內臣佐平을 두어 왕명의 출납에 관한 일을 맡게 하고, 내두좌평內頭佐平에게는 창고 관련 일을, 내법좌평內法佐平에게는 예법과 의례에 관한 일을, 위사좌평衛士佐平에게는 숙위와 군사 관련 일을, 조정좌평朝廷佐平에게는 형벌과 감옥에 관한 일을, 병관좌평兵官佐平에게는 지방의 군사 관련 일을 맡게 하였다. 또 달솔達率, 은솔恩率, 덕솔德率, 한솔扞率, 나솔奈率 및 장덕將德, 시덕施德, 고덕固德, 계덕季德, 대덕對德, 문독文督, 무독武督, 좌군佐軍, 진무振武, 극우克虞를 두었다. 여섯의 좌평은 1품, 달솔은 2품, 은솔은 3품, 덕솔은 4품, 한솔은 5품, 나솔은 6품, 장덕은 7품, 시덕은 8품, 고덕은 9품, 계덕은 10품, 대덕은 11품, 문독은 12품, 무독은 13품, 좌군은 14품, 진무는 15품, 극우는 16품이다. 2월에 명령을 내려 6품 이상은 자색 옷을 입고 은제 꽃으로 관을 장식하며, 11품 이상

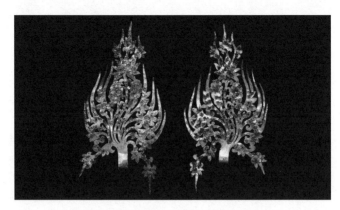

그림 7 백제무령왕금제관식百濟武寧王金製冠飾 (출처: 국립중앙박물관)

은 비緋색 옷을 입고, 16품 이상은 청색 옷을 입게 하였다. 3월
에 왕의 아우 우수優壽를 내신좌평으로 삼았다.

28년 봄 정월 초하루에 왕이 큰 소매의 자색 도포와 청색 비
단 바지를 입고, 금제 꽃으로 장식한 검은 비단 관을 쓰고,
흰 가죽 띠와 검은 가죽신 차림으로 남당南堂에 앉아 정사를
처리하였다. (『삼국사기』 백제본기 2)

이것은 백제의 6좌평제와 16품 관위의 제정 기사이다.
중국의 7세기에 편찬된 『주서』와 그 뒤의 『구당서』에 보이

는 백제의 관제 기사와 일치한다. 그러므로 많은 연구자들은 『삼국사기』의 이 기사는 3세기 중엽에 이들 제도가 완비되었다기보다는 적어도 6세기 이후까지에 걸쳐 정비되어 간 관제를 여기에 일괄 소급 기재한 것으로 본다. 아마 고이왕 대는 6좌평제가 발단하던 단계였을 것이다. 여하튼 전체 관품을 셋으로 나누어 각각 자색, 비색, 청색으로 관복의 색상을 정한 사실을 주목한다. 비색은 '불빛과 같이 짙은 분홍색'을 이른다. 자(紫)색과 비색은 기본색의 하나인 적색 계통의 색들이다.

관복의 위계가 자색-비색-청색의 순서로 표상되었으며, 왕의 복색 또한 상의가 자색이고 하의가 청색이었다. 그러므로 일 년 전 피어오른 누각형의 청자색 구름이란 청색의 위쪽에 자색이 서린 층운이었을 것 같다. 고구려에서 궁성과 누대의 건조를 미리 암시한 골령의 구름 또한 푸르고 붉은 색이었다고 하였으니, 그 상하의 배치를 짐작할 만하다. 세 나라에 공통적으로 누각형 구름에 대한 각별한 관찰 기록과 그에 따른 구체적 현상 기록이 짝을 이루는 서술 방식은 주의를 끈다. 이것은 주변 세계와 자연 현상에 대한 고대인들의 해석과 설명의 보편성을 예증한다.

한편 신라에서 누각형 구름으로 인해 낭산을 신선이 노니는 장소로 여겨 벌목을 금지한 게 5세기 초의 일이었는데, 그와 같은 이해와 조치는 상당히 오랫동안 전승되고 유지되었던 것 같다. 예컨대 백제와 고구려를 멸망시킨 뒤 신라와 당이 전쟁하던 무렵의 일을 들 수 있다. 『삼국유사』에 의하면, 당 고종이 대규모의 수군을 동원해 신라를 위협하였다. 이에 신라의 명랑법사明朗法師가 '낭산 남쪽의 신유림神遊林'에 사천왕사를 세우고 도량을 열어 당의 수군을 번번이 물리쳤다고 한다. 낭산 남쪽 기슭을 '신들이 노니는 곳'이라 한 것이다. 이 낭산 남쪽은 앞서 선덕왕이 자신의 장지로 지정하면서 '도리천忉利天'이라고 표현한 곳이다. 도리천은 불교에서 말하는 수미산須彌山 꼭대기의 33천으로 신들의 공간이다. 하늘에서 내려온 신선들이 불교의 신중神衆들로 바뀌었을 뿐, 그 공간은 낭산 기슭으로서 수백 년 동안 변치 않았던 것이다.

이처럼 오랫동안 전승이 이어지게 하는 힘이야말로 기억과 설명에 담긴 설득력에서 비롯한다. 설명을 공유하는 사람들이 그 설명을 확산하고 전승한다. 동시대 구성원들이 동의한 설명들은 세대를 거듭하여 생명력을 유지하되, 그 과정에서 재래의 신선이 불교의 신중으로 변모하기도 한다. 이 장구한 전승의 동력은 그 전승을 수긍하지 못하는 사람들에게도 위력을 발휘한다. 앞에서도 살펴보았듯이, 『삼국사기』 찬자들은 그들 스스로가 믿지 못하는 전승이라 할지라도 차마 외면하지 못했다고 고백하였던 것이다.

5. 사실 정보의 당착

전승은 유구하나 또한 변용을 거듭한다. 갈래가 나뉜 전승들은 종종 서로 차이를 드러내기도 한다. 역사 기록은 시간과 공간과 인간의 세 요소가 정보의 중심을 이루는데, 이 가운데 어느 하나가 달라지면 결국 세 요소로 구성하게 되는 사건 자체도 같을 수 없다. 『삼국사기』에는 그와 같은 모순과 당착이 허다하다. 그때마다 독자는 나름의 비판 기준을 동원하여 진위를 판별해야 한다. 이른바 사료 비판의 첫 단계라고 할 수 있다.

가장 흔한 당착의 예들은 삼국의 본기 사이에서 확인된다. 『삼국사기』가 기전체를 취한 까닭에 각 국가별 본기에 공통되는 편년 기사가 드물지 않다는 것은 잘 알려져 있다. 이때 같은 사건 기록이 본기에 따라 종종 서로 다르게 드러나기도 한다. 몇 가지 예들을 들어 본다.

장수왕 28년(440)에 신라인들이 우리 변경의 장수를 습격해 죽였다. 왕이 노하여 장차 군사를 일으켜 치려 하자, 신라왕이 사신을 보내 사죄하므로 그만 중지하였다. (『삼국사기』 고구려본기 6)

눌지마립간 34년(450) 가을 7월에 고구려 변경의 장수가 실직悉直의 들에서 사냥을 하고 있었는데, 우리 하슬라何瑟羅 성주 삼직三直이 군사를 내보내서 그를 엄습해 죽였다. 고구려 왕이 소식을 듣고 노하여 사람을 보내와 통고하기를 "내가 대왕과 더불어 우호를 닦아 매우 기쁘게 여기던 터에, 지금 군사를 내서 우리 변경의 장수를 죽이니 이것이 무슨 도리인가?" 하고, 곧 군사를 일으켜서 우리의 서쪽 변경을 침범하였다. 이에 왕이 겸손한 말로 사과하자 그대로 돌아갔다. (『삼

국사기』 신라본기 3)

무령왕武寧王 즉위년(501) 겨울 11월에 달솔 우영優永을 보내
군사 5천 명을 거느리고 가서 고구려의 수곡성水谷城을 습격
하게 하였다. (『삼국사기』 백제본기 4)
문자명왕文咨明王 12년(503) 겨울 11월에 백제가 달솔 우영을
보내 군사 5천 명을 이끌고 와서 수곡성에 침입하였다. (『삼
국사기』 고구려본기 7)

위덕왕威德王 8년(561) 가을 7월에 군사를 보내 신라의 변경을
침략하였는데, 신라 군사의 출격으로 우리가 패배하여 죽은
이가 1천여 명이었다. (『삼국사기』 백제본기 5)
진흥왕 23년(562) 가을 7월에 백제가 변경 주민들을 침략하
였다. 왕이 군사를 출동시켜 막아 1천여 명을 죽이고 사로잡
았다. (『삼국사기』 신라본기 4)

세 쌍의 인용문들은 각각 같은 사건에 대해 본기 사이에
서 서로 다르게 기술한 사례들이다. 첫째 사례는 비교적 판

단이 용이하다. 신라의 하슬라 성주가 고구려 장수를 실직 지역에서 살해하여 자칫 두 나라의 군사적 격돌로 치달을 뻔했던 사건을 기록한 것인데, 신라본기 측의 정보가 압도적으로 자세하다. 다만 사건 발생 시점이 두 본기 사이에서 10년 차이가 생겼다. 그러나 이것은 경진년(440)과 경인년(450)의 천간天干이 같은 데서 발생한 오류일 것이다. 따라서 실제 사건 발생은 신라본기의 450년이 옳다고 판단할 수 있다.

한편 백제가 고구려 수곡성을 공격한 기록과 백제가 신라를 쳤다가 패배한 기록의 쌍에서는 각각 2년과 1년의 시차가 나타났다. 역시 두 본기 기록 가운데 어느 하나에 오류가 저질러졌을 것이다. 다만 그 판정이 쉽지 않다. 연구자들은 여러 가지 추론과 방증으로 이 불일치를 해석하려 노력한다.

특히 같은 대상 기록 사이에서 1년의 차이가 보이는 경우는 본기와 잡지 사이에서 비교적 많이 발견된다. 예를 들어 『삼국사기』 직관지(상)에는 신라에서 동시전東市典을 지증왕 9년(508)에 두었고 서시전西市典과 남시전南市典은 효소왕 4년(695)에 두었다고 하였다. 그런데 신라본기에는 서시전과 남시전의 경우 직관지와 같은 연대의 기록이 있는 반면, 유독 동시전의 경우는 지증왕 10년으로 기록하여 직관지보다 1년 늦게 되었다.

또 지리지 웅주熊州 부여군조에는 문무왕 12년(672)에 백제의 소부리군所夫里郡에 총관摠管을 두었다고 한 반면, 신라본기에는 그보다 1년 앞선 문무왕 11년에 소부리주所夫里州를 설치하고 도독都督을 임명했다고 하였다. 소부리주 설치 시기의 1년 차이와 함께 주 장관의 명칭에도 차이가 있으므로, 서로 다른 전승 자료에서 유래한 어긋남일 것이다. 물론 전승 자료들이 왜 하필 종종 1년의 차이를 보이는지에 대해서는 단정하기 어렵다.

이와 관련하여 전승 자료에 따라 특정 왕의 즉위 원년을 일컫는 방식에 차이가 있었던 것은 아닐까 추측하기도 한다. 즉위한 해를 그 왕의 원년으로 하는 방식을 즉위년칭원법이라 하고, 그다음 해 정월부터 정식 원년으로 간주하는 방식을 유년칭원법踰年稱元法 즉 해를 넘겨 원년을 칭하는 법이라 하는데, 전승 자료별로 칭원법이 달랐다면 1년의 연

그림 8 능산리 출토 「백제창왕」 명석조사리감 (출처: 국립중앙박물관)

차가 발생하는 것이다. 1995년에 부여의 능산리사지에서
출토된 석조사리감 명문을 참조의 예로 들 수 있다. 명문은
"백제의 창왕릅王 13년 태세太歲 정해"로 시작하는데, 창왕은
곧 위덕왕이고 정해년은 567년이다. 그런데 『삼국사기』에
의하면 정해년은 위덕왕 13년이 아니라 14년으로, 사리감
명문과 1년의 차이가 있다. 어떤 이유에서인지는 확정하기
어렵지만, 『삼국사기』 기록보다 1년 뒤부터 위덕왕의 재위
년을 헤아려야만 정해년이 재위 13년째가 되는 것이다.

『삼국사기』 편찬자들도 서로 다른 정보들의 상충에 대해 고민하였다. 그들이 확보한 문헌 자료들 사이의 불일치와 마찬가지로 금석문에 보이는 정보들도 종종 문헌 전승과 부딪쳤다.

김유신의 아버지 서현舒玄은 관등과 관직이 소판蘇判과 대량 주도독안무대량주제군사大梁州都督安撫大梁州諸軍事에 이르렀다. 그런데 「유신비」를 보면 '아버지는 소판 김소연金逍衍'이라 하였으니, '서현'은 혹시 고친 이름인지, 아니면 '소연'이 자字인 지 알 수 없어 의문이 있으므로 둘 다 기록해 둔다. (『삼국사 기』 열전 1 김유신전 상)

성덕왕 22년(723) 봄 3월에 왕이 당에 사신을 보내 미녀 두 사람을 바쳤는데 한 사람은 이름이 포정抱貞으로 아버지가 천승天承 나마奈麻였고, 또 한 사람은 이름이 정원貞菀으로 아 버지가 충훈忠訓 대사大舍였다. 그녀들에게 옷가지와 살림살 이와 노비와 수레와 말을 주고 예를 갖추어 보냈더니, 당 현 종이 말하기를 "이 여성들은 모두 신라왕의 고종 누이들로서 멀리 일가붙이를 버리고 고국을 떠나왔으니 차마 머물러 둘 수 없다" 하고, 후하게 베풀어 돌려보냈다. 「정원비貞菀碑」에는 이르기를 "효성孝成 6년, 즉 천보天寶 원년(742)에 당에 가다"라고 하였으니, 어느 것이 옳은지 알 수 없다. (『삼국사기』 신라본기 8)

앞의 인용문은 김유신전에 있는 대목인데, 김유신의 아버지 이름에 대해 문헌에는 김서현이라 하였는데, 김유신의 비에는 김소연이라고 하였다는 지적이다. 뒤의 것은 신라에서 당 현종에게 미녀 두 사람을 보낸 시점에 대해 성덕왕 22년이라는 문헌 전승과 효성왕 6년이라는 정원비문 정보의 충돌을 지적한 대목이다. 두 경우 모두 서술자는 어느 것이 옳은지 판단할 수 없다고 하였다. 사실 수많은 분주들은 본문의 서술에 대해 어떤 형태의 이종 정보들을 소개한 경우가 많으므로 전승 자료들의 상충 예는 일일이 거론하기 힘들 정도로 허다했다고 말해야 옳을 것이다. 예컨대 이런 형태들이다.

비유왕毗有王 즉위년(427). 비유왕은 구이신왕의 맏아들이다.[혹은 전지왕의 서자라고도 하니, 어느 것이 옳은지 알 수 없다.] (『삼국사기』 백제본기 3)

개로왕蓋鹵王 21년(475). … 문주는 곧 목협만치木劦滿致와 조미걸취祖彌桀取[목협과 조미는 모두 두 자 성인데 『수서』에는 목木과 협劦을 두 가지 성으로 하였으니, 어느 것이 옳은지 알 수 없다]를 데리고 남쪽으로 떠났다. (『삼국사기』 백제본기 3)

시간 정보나 인물 정보에 비해 공간 정보의 상충은 훨씬 복잡한 문제를 야기한다. 하나의 사례를 들어 『삼국사기』 정보의 허술함을 드러내 보이기로 한다. 다음은 『삼국사기』 지리지의 지명들 가운데 비사벌比斯伐과 관련된 사항들을 추린 것이다.

화왕군火王郡은 본래 비자화군比自火郡[비사벌比斯伐이라고도 한다]인데, 진흥왕 16년(555)에 주를 설치해 하주下州라고 하였으며 같은 왕 26년에 주를 폐지하였다. 경덕왕이 이름을 고

쳤으며 지금의 창녕군昌寧郡이다. (『삼국사기』 잡지 3 지리지 1)

전주全州는 본래 백제의 완산完山인데 진흥왕 16년(555)에 주
로 삼았다가 26년에 주를 폐지하였고, 신문왕 5년(685)에 다
시 완산주를 설치하였다. 경덕왕 16년(757)에 이름을 고쳤으
며 지금도 그대로 부른다. (『삼국사기』 잡지 5 지리지 3)

완산[비사벌이라고도 하고 비자화라고도 한다.] (『삼국사기』 잡지
6 지리지 4)

첫째 정보는 진흥왕이 재위 16년째 되던 해에 비자화군
혹은 비사벌, 곧 지금의 경상남도 창녕군에 주를 설치하였
다는 것이다. 둘째 인용문은 역시 진흥왕이 재위 16년째 되
던 해에 완산, 곧 지금의 전라북도 전주시에 주를 설치하였
다는 것이다. 그리고 마지막 정보는 완산이 곧 비사벌 혹은
비자화라는 것이다. 도대체 헝클어진 시말을 짐작하기가
어렵다. 혹시 같은 해에 두 지역에 서로 다른 주를 설치한
것일까? 그것도 아니다. 신라본기에는 진흥왕 16년, "비사

벌에 완산주를 두었다"라고 기술하였기 때문이다. 신라의 비사벌과 백제의 완산이 이렇게 중첩되면서 『삼국사기』 이후 오랫동안 독자들은 혼란에 빠지고 말았다.

이 또한 역사학이 해결해야 할 숙제이지만, 창녕과 전주의 시민들은 비사벌이라는 이름의 연고권을 두고 경쟁할 수밖에 없다. 창녕에 남아 있는 진흥왕순수비眞興王巡狩碑에 창녕 지역이 비사벌로 불린 게 명백한데도 불구하고, 오늘날 겉으로 드러난 바로는 비사벌은 전주와 전라북도 관련 명호에 압도적으로 많은 빈도로 쓰이고 있다. 역사적 연고와 현실의 점유가 반대로 나타난 것이다. 여하튼 이러한 사실 정보의 착종은 『삼국사기』의 흠결인 동시에 고대의 마당으로 안내하는 심중한 기표로서 주목해야 한다.

아마 가장 거대하고도 복잡한 사실 정보의 착종은 마한의 멸망과 관련된 부분일 것이다. 백제본기에는 건국 초기의 백제 세력과 남방의 마한 사이에 일련의 교섭과 갈등을 기록한 끝에 다음과 같이 마무리하였다.

온조왕 26년(8) 가을 7월에 왕이 말하기를 "마한이 점차 약

그림 9 나주신촌리금동관 (출처: 국립중앙박물관)

해지고 위아래가 딴 마음을 가지고 있으니, 그 형세가 오래
갈 수 없으리라. 만약 마한이 다른 나라에 병합된다면 '입술
이 없어지면 이가 시리다'라는 격이 되리니, 그때는 후회해
도 소용이 없을 것이다. 차라리 다른 사람보다 먼저 이를 빼
앗아 뒷날의 어려움을 면하는 것이 낫겠다"라고 하였다. 겨
울 10월에 왕이 군사를 출동하면서 거짓으로 사냥을 간다 하
고, 은밀히 마한을 습격해 마침내 그 국읍國邑을 병탄하였다.
오직 원산圓山과 금현錦峴의 두 성만이 굳게 지켜 항복하지 않
았다.

27년 여름 4월에 원산과 금현의 두 성이 항복해 그 주민들을 한산漢山의 북쪽으로 옮기니, 마한은 마침내 멸망하였다. (『삼국사기』백제본기 1)

마한은 멸망하였다. 백제본기에서 마한은 더 이상 실체가 아니다. 애초에 마한은 온조 일행이 한강 유역에 다다랐을 때 정착지를 배려해 주었다 한다. 이 유서 깊은 마한이 그로부터 불과 한 세대도 안 되어 유이민 집단에게 병탄되었다는 기록은 액면 그대로 받아들이기 어렵다. 실제로 중국의 문헌들에는 수백 년 후까지도 마한이 언급되며, 고고학의 물질 정보도 저와 같은 마한의 소멸을 지지하지 않는다. 아마 광역의 마한을 구성하는 여러 정치체들 가운데 온조의 백제와 인접해 있던 하나의 세력이 백제에 병탄된 것으로 보는 것이 합당할 것이다.

역사의 실상이 어떠했던가와 상관없이 『삼국사기』는 이처럼 마한의 역사를 종식시켰다. 백제본기를 구성하기 위해 확보한 전승 자료에서 비롯한 결과일 것이다. 그런데 고구려본기를 작성하기 위해 수합한 자료 가운데도 마한이 있었다. 마한이 멸망했다고 한 때로부터 100년도 훨씬 뒤의 일이다.

태조대왕 70년(122). 왕이 마한·예맥穢貊과 함께 요동을 침공하자, 부여 왕이 군사를 보내 구원하고 우리를 격파하였다.[마한은 백제 온조왕 27년에 멸망하였는데, 지금 고구려왕과 함께 군사 행동을 하고 있으니 아마 멸망하였다가 다시 일어난 것인가 한다.] (『삼국사기』 고구려본기 3)

고구려본기 서술자는 중국의 『후한서』를 인용하였다. 고구려사를 구성하기 위해 중요시한 사료였다. 그러나 그들은 곤혹스러웠다. 마한은 이미 온조왕 27년에 종결 처리되었다. 요컨대 백제본기에서 마한 관련 정보는 국내 전승 자료로 정리하였지만, 『후한서』의 고구려 관련 기록에 보이는 마한 또한 간과할 수 없는 사실 정보였다. 둘 다 수용하자니, 혹시 멸망한 마한이 다시 부흥한 것인가, 모호한 의문을 남기는 데 그치고 말았다.

『삼국사기』에는 이와 같은 모순과 당착이 많다. 쉽게 판별하기 어려운 숙제들이다. 연구자들의 의욕을 북돋우는 질문들이되, 어쨌든 문맥이 순조로운 독서물은 아니라고 해야 옳을 것이다. 『삼국사기』를 통로로 삼아 막막하고도 어두운 고대의 마당에 발을 내디디려는 이들은 숱하게 돌출하는 비논리와 일탈과 착종을 만나 불편과 혼란을 감수하고 인내해야 한다.

6장
사론의 세계, 중세의 현상과 인식

1. 찬술자의 역사 이해 방식

『삼국사기』에는 모두 31개의 사론이 작성되어 있다. 사론은 특정 사실과 관련하여 찬자 자신의 적극적인 가치 판단을 담아 작성한 글이다. 사론의 취지는 전근대 사가들이 견지해야 할 역사 서술의 태도로 여겨 온 '술이부작述而不作', 즉 과거의 사실을 객관적으로 서술할 뿐 서술자의 주관에 따라 지어 쓰지 않는다는 방침에 정면으로 거스른다. 다시 말해 편찬자가 사론을 작성한다는 것은 그가 어떤 역사적 사건을 마주하여 잠자코 좌시할 수 없었다는 말이며, 나아가 어떤 방식으로든 특정 사태에 공명하는 바가 컸기 때문인 것이다. 그러므로 역사 서술자의 의식과 관점을 헤아리기 위해서는 그가 작성한 사론을 눈여겨볼 필요가 있다.

물론 객관을 표방하고 있는 '사실' 자체도 서술자의 취사 과정을 거친 것들이다. 그러므로 엄밀하게 말해 사실의 기록들에도 역사가의 판단이 개입해 있다는 지적은 옳다. 그러나 사론의 경우, 대상 사실은 단지 사론 작성자의 분방한 사적 담화를 위한 소재이거나 발단에 불과하다. 심지어 사건과 사실을 규정하는 당대의 맥락과 조건이 고려되지 않아도 무방하다. 그는 자기가 하고 싶은 말을 하기 위해 과거의 사실 가운데 어떤 대목에서 그 단서를 포착한 것일 뿐이다. 그러므로 사론의 세계는 사실의 영역과 전혀 다른 것이며, 서술자의 가치 기준과 세계 인식을 직접적으로 반영한다.

사실과 사론의 관계를 이해하기 위해 하나의 예를 들어 본다. 고구려 대무신왕 15년(32)의 일이다.

여름 4월에 왕자 호동好童이 옥저沃沮에서 놀고 있었는데 낙랑왕樂浪王 최리崔理가 나와 지나다가 그를 보게 되었다. 최리는 묻기를 "그대 얼굴빛을 보니 보통 사람이 아니다. 어찌 북국北國 신왕神王의 아들이 아니겠는가?" 하고, 드디어 함께 돌아가 자기 딸을 아내로 삼아 주었다. 그 뒤 호동은 본국에 돌아와서 몰래 사람을 보내 최씨의 딸에게 알리기를 "네가 너희 나라 무기고에 들어가 북과 나팔을 찢고 부술 수 있다면 내가 예를 갖추어 맞아들일 것이요, 그러지 못한다면 맞이하지 않겠다"라고 하였다. 이전부터 낙랑에는 북과 뿔피리가 있었는데, 만약 적병이 오게 되면 저절로 울렸기 때문에 그것을 부수게 한 것이다. 이에 최씨의 딸은 날카로운 칼을 가지고 몰래 무기고 속에 들어가 북의 가죽과 뿔피리의 입을 베어 버리고 호동에게 알렸다. 호동은 왕에게 권해 낙랑을 습격하였다. 최리는 북과 뿔피리가 울리지 않았기 때문에 대비하지 않다가 우리 군사가 성 아래까지 덮쳐 온 다음에야 북과 뿔피리가 모두 부서진 것을 알고, 마침내 자기 딸을 죽이고 나와 항복하였다.[혹은 "낙랑을 멸망시키기 위해 청혼해서 그 딸을 데려다 아들의 아내로 삼은 다음에 그녀를 본국에 돌려보내 그 병기를 부수게 하였다"라고 한다.]

겨울 11월에 왕자 호동이 자살하였다. 호동은 왕의 둘째 비인 갈사왕葛思王 손녀의 소생이다. 얼굴 모양이 아름답고 고와서 왕이 매우 사랑하였기 때문에 이름을 호동이라 하였다. 첫째 왕비는 호동이 적통嫡統을 빼앗아 태자가 될까 염려하더니, 그만 왕에게 참소하기를 "호동이 저를 예의를 갖추어 대하지 않고 자못 음행하려 하는 듯합니다"라고 하였다. 왕은 "당신은 호동이 다른 사람 소생이라 하여 미워하는가?"라고 하였다. 왕비는 왕이 자기 말을 믿지 않는 것을 알고, 장차 화가 미쳐올까 두려워 곧 눈물을 흘리며 울면서 말하기를 "청컨대 대왕께서는 몰래 지켜보소서. 만약 그와 같은 일이 없다면 저 자신이 그 죄에 대한 처벌을 받겠습니다"라고 하였다. 이렇게 되자 대왕이 의심하지 않을 수가 없어 장차 호동에게 죄주려 하였다. 어떤 이가 호동에게 "그대는 왜 스스로 해명하지 않는가?"라고 물었다. 호동은 대답하기를 "내가 만약 해명한다면 이는 어머니의 죄악을 드러내는 것이요, 왕께 근심을 끼치는 것이니 효도라고 할 수 있겠는가?" 하고, 곧 칼에 엎드려 죽었다. (『삼국사기』고구려본기 2)

이 이야기는 널리 알려진 낙랑공주와 호동왕자의 비극이다. 많은 사람들은 두 젊은이의 사랑이 처참하게 어긋난 데 대해 서둘러 공감하려 한다. 두 사람이 서로를 절절히 사랑했다고 단정해 버리고 만다. 그들의 비련이 영화와 드라마를 비롯해 다양한 장르에서 거듭 인기 있는 소재로 범람하게 된 연유이다. 그렇다고 하여 과연 그들이 사랑한 증거가 있느냐를 강퍅하게 따져 가려 보자는 말이 아니다. 게다가 뚜렷한 반증이 없는 이상, 이 사건을 고구려판 「로미오와 줄리엣Romeo and Juliet」으로 음미하는 것이 지나친 잘못은 아니다.

다만 이 기록 역시 고구려 초기 역사의 한 단면을 복원하기 위한 사료라는 점을 환기하려 한다. 연구자들의 시선은 신생 왕국 고구려와 남쪽의 낙랑국의 실상과 실체, 그리고 그들의 외교 군사적 관계나 국가적 지향 등을 향할 수 있다. 혹은 고구려 왕실 혼인의 문제나 가족 구성 원리나 왕위 계승을 둘러싼 갈등 따위에 착안할 수도 있을 것이다. 실제의 연구들은 훨씬 더 치밀하여 거의 모든 요소와 기표들이 분석 대상이 되고 추론의 발판으로 간주되고 있다. 생모가 아닌 아버지의 여인과 장성한 아들 사이의 금기와 가능성의 위험한 넘나듦은 얼마나 함축적인가.

그러나 여기에 이어진 서술자의 의견, 즉 사론은 이렇게나 자의적이고도 건조하다.

지금 왕이 참소하는 말을 믿고 사랑하는 아들을 무고하게 죽였으니 그 어질지 못함은 족히 말할 것도 없지만, 호동에게도 죄가 없는 것은 아니다. 왜냐하면 아들이 아비에게 꾸지람을 받을 경우에는 마땅히 순舜임금이 고수瞽瞍에게 했던 것과 같이, 작은 매는 맞고 큰 매에는 달아나 아비가 불의에 빠지지 않도록 해야 하는 것이다. 그런데 호동은 이렇게 할 줄을 모르고 죽을 일이 아닌 일에 죽었으니, 이는 사소한 의리에 집착한 나머지 대의大義에 어두웠다고 하겠으며, 그것은 공자公子 신생申生의 죽음에나 비유할 만하다. (『삼국사기』 고구려본기 2 대무신왕 15년 사론)

일단 무고한 아들을 죽음으로 내몬 아버지 대무신왕은 어리석은 임금이라 한다. 그러나 죽으라고 하여 죽어 버린 호동 또한 옳지 않다. 그들은 아버지와 아들이므로 아버지는 아들을 옳게 훈육해야 하고 아들은 부모를 오직 효로써 받들어야 한다. 도대체 효자란 어떠해야 하는가. 순임금이 그의 아버지 고수에게 했던 것과 같아야 한다. 고수는 매우 우매하여 육체의 눈은 있으나 선악을 분별하는 마음의 눈은 어두우므로 당시 사람들이 소경과 같다 하여 고수라고 하였다. 『논형論衡』 길험吉驗편과 『사기』 오제본기에 따르면 고수는 순이 요임금을 만나기 전에 순의 아우 상象과 함께 순을 죽이고자 갖은 모해를 가하였으나, 순은 요임금의 선양으로 제위에 오른 뒤 고수를 극진히 대우하고 상 역시 제후로 봉하였다.

이로써 본다면, 대무신왕이 비록 우매했다 해도 호동 또한 자기 할 바를 다한 것은 아니었다. 『효경』 간쟁諫諍편에는 "아비에게 간쟁하는 아들이 있으면 불의에 빠지지 않게 된다. 그러므로 아비가 의롭지 못한 일을 당하면 아들은 아비에게 간쟁하지 않으면 안 되고, 신하는 임금에게 간쟁하지 않으면 안 되는 것이다"라고 하였다. 호동은 부왕의 그릇된 판단에 대해 부단히 간쟁해야 했다. 그로 인해 부왕의 분노와 질책[작은 매]을 받더라도 멈춰서는 안 되는 것이다. 그러나 만약 치명적 위해[큰 매]를 당하게 될 경우라면 우선 피해야 한다. 부모의 꾸지람과 명령이라 하여 '큰 매'에 자신의 명운을 맡겼다가는 부모를 더 큰 허물과 불의에 빠뜨리게 되기 때문이다. 그러므로 호동이 무고한 채로 자결하고만 것은, 진정으로 부왕의 허물을 간하지 않은 탓에 부왕으로 하여금 '무고한 아들을 죽게 한 혼군'이라는 오명을 천추만대토록 씻을 수 없게 만든 행위였던 것이다. 그의 불효가 막대하다.

찬자는 이어서 호동의 명분 잃은 죽음을 역사적 전례를 들어 비겼다. 신생은 춘추시대 진晉 헌공獻公이 제강齊姜에게서 낳은 맏아들이다. 헌공은 그 후 여융驪戎을 쳐서 여희驪姬를 맞이해 해제奚齊를 낳았는데, 여희는 헌공의 총애를 믿고 해제를 후계자로 세우려 하였다. 급기야 여희는 신생이 헌공을 독살하려 한 것처럼 일을 꾸며 헌공으로 하여금 신생을 죽이도록 부추겼다. 이때 어떤 이가 신생에게 권하기를 사실대로 자초지종을 말해 헌공이 분별하도록 하라고 했다. 그러나 신생은 "임금께서는 여희가 없으면 기거함에 편안치 못하고, 음식을 먹어도 배가 부르지 않으신데, 내가 사실을 말한다면 반드시 여희에게 죄가 돌아갈 것이요, 임금께서 이제 나이가 많으신 터에 나 또한 그렇게는 하고 싶지 않다"라고 하였다. 이에 다시 다른 나라로 도망갈 것을 권하자, 신생은 "임금께서 실제 그 죄가 누구에게 있는가를 살피지 않고 계시는 터에, 이와 같은 누명을 쓰고 달아난다면 그 누가 나를 받아 주겠는가?"라고 하였다. 그리고는 생모인 제강의 사당이 있는 신성新城에서 목을 매 자결하였다.

과연 거론된 '신생의 죽음'은 호동의 처지와 공교로울 정도로 닮았다. 여러 가지 증거들로 미루어 『삼국사기』의 사론들은 필시 김부식이 작성하였을 것이다. 거듭 말하지만 사론은 사실과는 달리 찬술자의 현재적 시점과 고유한 시각이 보장된 장르이다. 그는 대무신왕과 호동이 정작 지켜야 했던 것과 그럼에도 불구하고 잃은 것이 무엇인가를 간명하게 정리하였다. 그러나 김부식의 적절한 비유와 현란한 사례 제시는 오히려 독자로 하여금 대상 사건의 역사적 문맥을 놓치게 할 수도 있다. 왕권의 성숙이나 영토의 확장과 같은 국가적 지표에서 미처 완정을 이루지 못한 고구려

왕자의 생동하는 영욕과 비극적 희생이 역사적 맥락을 잃고 오직 사론의 소재로만 전락되고 만 것은 아닌가. 그렇다면 이 또한 고대의 경험된 사건과 뒷날 이를 기록하는 사람의 인식 사이에 가로놓인 거리일 수 있다.

아울러 과거 삼국의 사실 부분과 마찬가지로 『삼국사기』의 사론에도 또한 선행한 중국사서의 사론을 토대로 한 것들이 적지 않다. 그러한 사례는 우선 사론의 대상 사건이 가지는 유사함에 기인한다. 호동과 신생의 죽음이 좋은 예다. 그와 함께 중국 중심적 유교주의 교양으로 무장한 고려 지식인들의 한계이기도 할 것이다. 부모가 부모답고 아들이 아들다워야 한다는 당위와 그 기준은 전근대 동북아 지식 체계에서 일종의 보편 가치였다. 실제 『삼국사기』의 사론에 동원된 문헌 전거들은 거의 대부분 중국의 사유를 담은 자료들이다. 24종의 중국 측 자료는 사론의 작성을 위해 모두 63회 인용되거나 고려되었다. 아래에 관련 책들과 인용 빈도를 정리해 보았다.

경經· 자子류	좌전(9), 공양전(4), 상서(4), 맹자(4), 주역(4), 예기(4), 논어 (2), 효경(2), 양자법언(2), 공자가어(1), 대대례(1), 장자(1)
정사류	신당서(7), 사기(5), 한서(4), 후한서(1), 진서晉書(1), 위서(1), 진서陳書(1), 신오대사(1),
기타	유공원柳公權의 소설小說, 두목杜牧의 장보고정년전, 한유韓愈의 삼기론三器論, 소식蘇軾의 표충관비表忠觀碑

※ 괄호 안의 숫자는 인용 횟수

2. 사론의 현재성과 효용성

사론은 절제된 서술 과정에서 찬자들의 주관적 평가가 개입된 부분이다. 그러므로 사론은 그에 반영된 찬자의 역사 인식을 추출하는 일차적 재료로 기능한다. 물론 어떠한 역사 기록도 기술자의 현재적 제약에서 완전히 자유로울 수 없다는 점에서는 사론도 예외가 아니다. 따라서 김부식의 정치적 현실과 그의 사론에 나타난 주요 관점 사이에는 긴밀한 유기적 관계가 개입되어 있기 마련이다. 이러한 측면은 호동의 죽음에 대한 사론이 과거의 대상 사건과 그로부터 발단된 찬자의 소회가 서로 어긋나 보이는 경우와는 다르다고 여길 수도 있다. 그러나 사론 작성자의 현재적 관점이 대상 사건의 시대성에 우선한다는 점은 다르지 않다.

『삼국사기』 편찬은 여러 명의 관료들이 참여한 국책 사업이었지만, 당대의 원로이자 감수국사監修國史였던 김부식이 큰 줄기를 주도한 증거가 곳곳에 드러나 있다. 정확히 말하자면, 사론 외에도 김부식의 경험과 견문이 『삼국사기』에는 도처에 보인다. 예를 하나 들어 보자.

경덕왕 14년(756)에 신라는 안녹산安祿山의 반란군을 피해 성도成都(지금의 쓰촨성 청두)로 피해 있던 당 현종을 찾아가 조공하였다. 현종은 직접 시를 지어 경덕왕의 성의에 보답하였다. 아래의 시가 그것이다.

천지사방은 명암과 동서로 나뉘어 있어도
세상 만물은 중심자리를 마음에 머금도다
조공해 오는 구슬과 비단은 천하를 두루 돌아
산 넘고 물 건너 상도上都 향해 찾아든다
아득한 회포야 머나먼 동방에 막혔어도
오랜 세월 천자의 교화 부지런히 받들었다

가없이 드넓은 땅 끝닿은 그곳은

깊고 푸른 바다 건너 귀퉁이에 있거니와

사람마다 명분과 의리의 나라라고 일컫나니

어찌 산 다르고 물 다른 이방이라 할 것인가

사신은 다녀가면 풍속 교화 전해 받고

사람마다 찾아와서 법전 제도 익혀 간다

의관 차림새는 예의범절 받들 줄 알고

충성과 신의는 유풍儒風을 높일 줄 안다

성실도 하여라, 하늘이 굽어보리니

어질기도 하여라, 그 덕행이 외로우랴

깃발 아래 서로 도와 백성을 다스릴 새

보내 준 후한 선물 애틋한 정성 깃들었다

푸르고 푸른 지조 더욱 소중히 하여

매운 풍상에도 늘 변하지 말지라 (『삼국사기』 신라본기 9)

그런데 이 시는 신라 국내에서 판각되었으며, 고려에서도 유통되었나 보다. 『삼국사기』에는 이 시를 인용한 다음에 이렇게 쓰고 있다.

선화宣和 연간에 송에 사신으로 갔던 김부의가 이 시의 각본刻本을 지니고 변경汴京에 들어가 관반학사館伴學士 이병李邴에게 보였더니, 이병이 황제에게 올렸다. 황제는 양부兩府 및 여러 학사들에게 돌려 보인 후, 조칙을 전해 이르기를 "진봉시랑進奉侍郞이 바친 시는 참으로 명황明皇의 글씨로구나" 하고 감탄해 마지않았다 한다.

김부식의 아우 김부의[김부철]는 인종 2년(1124), 즉 선화 6년 7월에 이자덕李資德과 함께 송에 간 바 있다. 변경은 북송의 수도 동경東京, 즉 개봉開封을 이른다. 현종의 작시로부터 368년 만에 그 필적을 만난 송나라 휘종徽宗의 감회가 깊었을 법도 하다. 이 대목의 서술자로 김부식이 명시된 것은 아니지만 그가 직접 견문한 내용임에는 틀림없다. 좀 더 직접적인 사례를 들어 보자. 잡지의 색복지 가운데는 이런 서술이 있다.

내가 세 번 중국에 사신으로 갔는데 우리 일행의 의관이 송나라 사람들과 다름이 없었다. 한번은 조회에 들어가려다가 아직 일러 자신전紫宸殿 문에 서 있었는데 한 합문원閣門員이 와서 "누가 고려의 사신입니까?"라고 물어, "내가 고려의 사신입니다"라고 하였더니 웃고서 간 적이 있다. 또 송의 사신 유규劉逵와 오식吳拭이 우리나라에 와서 객관에 있을 때 연회 자리에서 우리나라 옷차림으로 단장한 기녀를 보고 계단 위로 불러 소매 넓은 옷과 색실 띠 및 큰 치마를 가리키며 찬탄하기를 "이것들은 모두 삼대三代의 의복인데 아직까지 이곳에서 쓰일 줄은 몰랐다"라고 하였으니, 오늘날 우리 부인들의 예복도 역시 중국의 옛것임을 알겠다. (『삼국사기』 잡지 2 색복지)

개봉의 자신전 문에서 있었던 대화는 김부식 자신의 직접 경험이다. 서긍 일행이 고려에 왔다간 후 김부식이 송나라에서 유명해졌고, 그 후 사신으로 간 김부식을 송나라 곳곳에서 극진히 대우했다 하니, 아마 그와 같은 정황 가운데 한 장면일지도 모르겠다. 유규와 오식이 사신으로 고려에 온 것은 1103년, 즉 고려 숙종 8년의 일이니 김부식이 관직에 나아간 지 8년째 되던 해였다. 이처럼 사실의 영역에서도 김부식을 비롯한 찬자들의 당대 경험은 종종 서술의 바탕이 되었다. 하물며 사론에서야 더 말할 나위가 없다.

　정화政和 연간에 우리 조정에서 상서尙書 이자량李資諒을 송에
보내 조공하였을 때, 나 김부식은 문한文翰의 임무를 띠고 보
행하여 우신관佑神館에 이르러서 한 사당에 선녀의 화상이 걸
려 있는 것을 보았다. 송의 관반학사館伴學士 왕보王黼가 "이것
은 귀국의 신인데 공들께서 아시는지?" 하더니, 마침내 말하
기를 "옛날 어느 제왕가의 딸이 남편도 없이 임신해 사람들
의 의심을 받게 되자, 곧 바다를 건너 진한辰韓에 도착해 아들
을 낳았는데 이가 해동의 첫 임금이 되었으며, 그녀는 지선地
仙이 되어 오랫동안 선도산仙桃山에서 살았는데 이것이 그녀
의 화상입니다"라고 하였다. 나는 또 송나라 사신 왕양王襄이
지은 「제동신성모문祭東神聖母文」에 "어진 이를 잉태하여 나라
를 창건하시다"라는 구절이 있는 것을 보았는데, 여기 '동신
성모'가 곧 선도산의 지선인 것은 알겠으나, 그의 아들이 어
느 때에 왕 노릇하였는지는 모르겠다. (『삼국사기』 신라본기
12 경순왕 9년 사론)

이 글은 신라본기를 종결하면서 작성한 사론의 일부이다. 김부식은 정화 6년, 즉 예종 11년(1116)에 이자량을 정사로 한 사행에 동행하였다. 고려의 사행단과 관반학사 왕보와의 교유는 『고려사』에서도 확인된다. 즉 이자량의 일행 가운데는 정항鄭沆도 있었는데, 왕보가 정항이 지은 표장을 보고 찬탄하였다는 것이다. 여하튼 김부식은 송의 관인들과 교유하면서 신라의 선도산성모에 대한 견문을 가지게 되었음을 알게 된다. 또 송의 사신 왕양이 고려에 온 것은 1110년의 일이었다. 그런데 왕양은 고려의 동신성모에게 올리는 제문을 지었다는 것이다. 이와 관련하여 서긍의 『고려도경』에 의하면, 개경에 있는 동신사東神祠에는 동신성모지당東神聖母之堂이 있었고 고려에 온 사신들이 그에 제사하는 관례가 있었다 한다. 천여 년 전 신라의 건국 시조에 대해 12세기 고려와 송의 현장이 조응하는 좋은 실례이다.

사론이 중시하는 속성이 대상 사건의 역사성이 아니라 사서 편찬 당시의 현재성과 효용성이라는 사실을 매우 잘 보여 주는 사례를 하나 더 들어 본다. 501년 백제에서는 백가笘加라는 이가 자객을 시켜 동성왕을 살해하는 사건이 벌어졌다. 뒤이어 무령왕이 즉위했지만, 백가 또한 본격적으로 반란하였다. 무령왕은 토벌 병력을 직접 인솔하여 반란군의 근거지를 공격했다. 마침내 백가가 성에서 나와 항복하자 무령왕이 그의 목을 베어 백강白江에 던졌다. 이에 대한 찬자의 사론을 본다.

『춘추』에 이르기를 "신하된 이는 군주를 넘보려는 마음을 가지지 못하는 것이니, 그런 경우에는 반드시 죽여야 한다[人臣無將 將而必誅]"라고 하였다. 백가와 같은 극악한 악인은 하늘과 땅이 용서치 못할 자인데 그 즉시 처형하지 못하고 이때 와서 제 스스로 죄를 모면하기 어려울 것을 알고 모반한 다음에야 처단하였으니, 이는 때늦은 것이다. (『삼국사기』 백제본기 4 무령왕 즉위년 사론)

사론 찬자가 인용한 내용은 본래 『(춘추)공양전』의 구절로 판단된다. 그렇다면 찬자는 『공양전』의 원문을 일부 변개한 것이다. 즉 『공양전』 소공昭公 원년에는 "君親無將 將而必誅焉"이라고 했는데, 『삼국사기』 찬자는 그 가운데 '군친君親’을 ‘인신人臣’으로 바꿨다. 본래는 ‘신하된 이’가 아니라 ‘임금의 혈친’이었던 것이다. 그러므로 원래의 문의는 “임금의 혈친은 임금을 넘보려는 마음을 가지지 못하는 것이니, 그런 경우에는 반드시 죽여야 한다”라는 말이었다. 변개의 배경과 본래의 맥락을 헤아리기 위하여 『공양전』 원문의 해당 대목 전후를 살펴볼 필요가 있다.

『공양전』의 이 대목은 진陳나라의 공자 초招에 대한 필법을 해명하는 논의였다. 즉 초는 진후陳侯의 아우인데, 원년조에서 그를 진후의 아우라 하지 않고 그냥 이름을 쓴 이유는 그가 소공 8년 봄에 진후의 세자를 죽였기 때문에 폄절한 것이라는 설명이다. 다시 말해 “세자란 임금의 보좌이자 버금인데 이제 세자를 죽인 것은 그가 이로부터 뒤에 임금을 죽이려는 마음을 가지게 되었음이 분명하다”라는 것이다. 물론 정작 진후는 초가 살해하지 않았다. 그러나 소공 원년조에서 이미 초를 폄절한 것은 그가 장차 임금을 시해할 자임을 말하고자 함이었다.

이러한 맥락에서 “군친무장君親無將”이라고 한 것이었으니 ‘군친’은 진후의 아우 초를 비유한 것이고 ‘장’은 세자를 죽였으니 이로부터 틀림없이 군주를 시해하고자 하는 마음을 지니게 되었을 논리적 심리 과정을 의미한다. 요컨대 군친은 군주의 자리를 '넘보는', 혹은 그러한 목적을 위하여 일을 '도모하는' 경우가 있을 수 있으며, 따라서 그러한 조짐이 보일 경우 미리 반드시 죽여 예방해야 한다는 의미였다.

이미 말한 것처럼 김부식은 이 대목을 인용하면서 '군친'을 '인신'으로 변개하였다. 여기에는 두 가지의 가능성이 제기될 수 있다. 하나는 백제 백가의 일이 '군친'의 문제가 아니라 '인신'의 문제이므로 사론의 대상 사건에 충실히 부합시키기 위한 변개일 가능성이다. 다른 하나는 고려의 현재적 상황에서 발로된 왜곡일 가능성이다. 즉 김부식은 이미 숙종이 자기의 조카인 헌종을 폐위시키고 왕위에 올랐던 사건을 목도한 바 있었다. 숙질간의 이 경험은 예종 대에 왕의 숙부들이 희생되는 배경이 되었다. 다시 예종의 세 아우들 역시 예종의 아들 인종의 왕위 계승을 전후하여 불행히도 화를 입었다. 또한 김부식이 사망하는 해에 일어난 숙청 사건도 왕제에 대한 의종의 의구심에서 비롯한 것이었다.

따라서 김부식은 진후의 아우 초의 사건을 계기로 '군친'에 대한 경계를 환기시킨 『춘추』를 인용하면서 고려의 왕위 계승에서 이미 드러났거나 항상적으로 잠복되어 있는 난맥과 위태로움, 특히 『삼국사기』 편찬 당시에 성숙되어 가던 군친의 발호 가능성을 염두에 두지 않았을 리 없다. 아울러 이야말로 사론이 겨냥하는바 역사에 기대하는 현재적 효용성이라 할 것이다. 그러나 그와 같은 현재적 상황이 『춘추』의 신랄한 지적에 적확한 것이면 그럴수록, 더욱 군친에 대한 경계를 직접 드러내 언급하기 어려웠을 것이다. 요컨대 이것은 김부식이 처한 고려 왕조의 현실이 강요한 제약에서 말미암은 불가피한 변개였다고 판단한다.

3. 자국사 중심 과거 인식

사론의 현재성을 규정하는 것으로는 고려의 정치 현실이 가장 중심적인 요소일 것이다. 다만 고려는 후삼국을 일통한 주체이기도 했다. 후삼국은 전삼국의 재연이었다. 그러므로 삼국의 역사는 현실 고려 왕조의 과거이자 바탕이 된다. 그런 만큼 12세기 현실의 현재성이 고대의 국면으로 쉽게 소급될 여지가 크다. 편찬 당대의 경험과 고대의 사건이 접맥하고 있는 사론들이 여기에 해당한다. 예컨대 고구려 연개소문에 대한 사론에는 고구려를 자국사의 토대로 간주하고 있는 찬자의 정서가 잘 드러나 있는 한편, 역시 생생한 당대의 견문이 소개되었다. 그 일부를 인용해 본다.

송의 신종神宗이 왕개보王介甫와 정사를 의논하면서 말하기를 "태종이 고구려를 치다가 어찌하여 이기지 못하였는가?"라고 하자, 개보가 대답하여 "개소문蓋蘇文이 비상한 사람이었기 때문입니다"라고 하였으니, 소문은 역시 재사才士였다. 그러나 곧은 도리로 나라를 받들지 못하고 잔인함과 포학함을 멋대로 하다가 큰 역적이 되기에 이르렀다. 『춘추』에 "군주가 시해를 당했는데도 역적을 토벌하지 않는다면 그 나라에 사람다운 사람이 없다 할 것이다"라고 하였거늘, 소문은 일신을 보전해 집에서 죽으니 요행으로 모면한 것이라 할 것이다. 또한 남생男生과 헌성獻誠은 비록 당에서 이름을 날렸으나, 본국의 처지에서 말한다면 반역자가 되지 않을 수 없을

것이다. (『삼국사기』 열전 9 개소문전)

연개소문은 영류왕을 시해하고 집권하여 고구려 멸망 직전까지 거의 25년 동안 권좌에 있었다. 남생과 헌성은 그의 아들과 손자로서 전쟁 중에 당에 투항하여 고구려의 패망을 재촉한 이들이다. 서술자가 이들을 큰 역적이라거나 반역자라고 한 것은 고구려와 고구려왕의 관점에 충실한 시각이며, 전근대 유교 지식인들의 일반적 생각이었다. 오히려 눈길을 끄는 것은 송 신종과 왕개보의 대화이다. 개보는 왕안석의 자字이다.

신종은 당의 태종이 고구려를 쳤으나 이기지 못한 까닭을 물었다. 왕안석은 연개소문이 비상한 인물이었기 때문이라고 답하였다. 우선 많은 중국 측 역사 기록에 당 태종이 승리하였다고 한 데 반해 신종은 그가 패배했다고 생각한다는 점을 주목한다. 또한 그 호전적인 영주英主 태종이 패배한 이유가 연개소문이 비상한 인물이었기 때문이라 한 왕안석의 대답을 김부식이 수긍하면서 인용하고 있다는 점을 주의해야 한다. 유교적 군신 질서의 논리에 비춰 볼 때 연개소문을 '재사'라 한 김부식의 평가는 충분히 의외의 일이다. 실제로 뒷날 조선의 식자들은 이 평가에 대해 신랄하게 비판하였다.

… 어찌하여 왕안석은 신종의 물음에 답하여 태종이 고구려를 이기지 못한 것은 소문이 비상한 사람이었기 때문이라 하였는가. 이러한 난적의 괴수를 비상한 자라 한다면 천하고금의 난신적자 가운데 누군들 비상하지 않겠는가. … 김부식은 우리 동방의 명사로 소문의 대역부도한 죄를 소상히 알면서도 왕안석의 그릇된 설명에 뇌동하여 (소문을) 재사라 한 것은 어찌된 일인가. 그 역시 남의 신하된 자로서 『춘추』를 알지 못한 죄를 면치 못할 것이다. (『동국통감』 8 당 건봉乾封 원년 고구려 보장왕 25년 사론)

양자 사이에 이러한 차이가 생긴 가장 큰 연유는, 고려의 지식인들이 고구려를 자기 왕조의 전대사 가운데 주요한 하나로 삼아 스스로 이룩한 '일통'의 토대로 여겼으나, 조선의 경우 고구려와 직접 연결될 만한 역사적 논리가 없었던 데에 있다. 어쨌든 김부식은 신종과 왕안석의 대화를 현장감 있게 이끌어 대면서 연개소문의 유의한 일면을 부각시키려 애썼다. 사실 김부식은 왕안석의 개혁 이념보다는 그에 반대한 사마광에 공감하였던 터라, 이 대화를 원용한 것은 순전히 연개소문의 역량과 고구려의 승리를 공언하기 위함이었다. 그는 당 태종과 고구려 연개소문의 승패에 대해 어느 기록물들보다 그 자신의 견문을 중심에 두고 사유하였다. 이러한 의도와 방식이야말로 사론의 현재성을 웅변하는 조건이자 핵심일 것이다.

한편 조선의 지식인들이 주목한 것이 군신 질서를 유린한 연개소문의 패역이었다면, 김부식은 연개소문이 집권한 시기 고구려를 친정한 당 태종의 패퇴에 주목하였다. 연개소문과 그의 일족이 왕조에 대한 반적이 아니라는 것이 아니라, 당 태종은 고구려와의 전쟁에서 패하였다는 것이다. 거칠게 말하여 태종의 패배가 반드시 연개소문의 지휘역량 때문이 아니라 해도 상관없는 일이었다. 실제 연개소문이 '비상한 사람'이었다는 왕안석의 설명은 구체성이 전혀 없고 공허하게 들린다. 김부식이 예증할 수 없는 논거,

즉 신종과 왕안석의 대화를 근거로 연개소문에 대한 우호적 평가를 원용한 것도 설득력을 기대하기 힘든 방식이다. 오직 핵심은 당 태종은 패배하였다는 데 있으며, 그와 같은 인식이 송의 조정에서 공유되고 있었다는 사실을 적시하고자 했다고 본다.

편찬자들은 『삼국사기』의 많은 부분을 중국사서의 정보에 의존하고, 또 문명의 근원으로서 유교적 지식 체계를 준수하였다. 김부식은 그 대변자라고 할 수 있다. 그러나 자기 문화의 고유성과 그 바탕을 이루고 있는 전대 왕조의 역사에 대한 애정은 별개 문제였다. 특히 당 태종과의 전쟁에 대해서는 눈에 띄게 예민한 필치를 드러내고 있다. 비록 주요 시각의 차이에서 초래된 것이긴 하나, 조선의 식자들이 김부식의 연개소문 평가에 분개하였던 맥락과 함께 음미해 볼 만한 국면이다.

사실 645년에 있었던 당 태종의 무서운 기세를 전장에서 직접 저지한 장본인은 2년 남짓 전에 정변으로 권력을 장악한 연개소문이 아니라 연개소문의 권력에 동의하지 않았던 안시성 성주였다. 그리고 김부식도 이 사실을 모르지 않았다. 『삼국사기』 고구려본기에는 당 태종이 645년 겨울 패퇴한 후 후회하고 탄식하면서 "위징魏徵이 있었다면 나로 하여금 이번 걸음을 하지 못하게 했을 것이다"라고 하였다는 『자치통감』의 기사가 인용되어 있다. 그리고 다음과 같은 찬자의 사론이 이어진다.

당 태종은 덕이 고매하고 명철하여 세상에 드문 임금으로, 환란을 평정하는 데는 은 탕왕湯王과 주 무왕武王에 비기고, 정사를 이루는 데는 주 성왕成王이나 강왕康王에 가까우며, 군사를 다루는 데 이르러서는 기묘한 책략이 무궁해 향하는 곳마다 대적할 이가 없었는데, 동방 정벌의 일만은 안시성에서 패하였으니, 그 성주야말로 비상한 호걸이라 하겠다. 그러나 역사 기록에 그 성명이 없어 양자楊子가 이른바 "제齊와 노魯의 대신들은 역사에 그 이름이 전하지 않는다"라고 한 것과 다름없으니, 매우 애석한 일이다. (『삼국사기』 고구려본기 9 보장왕 4년)

사론에 보이는 당 태종에 대한 평가는 중국의 역대 사서나 문집에서 흔히 발견되는 것이다. 예컨대『신당서』찬자들은 태종을 일러 매우 이상적 정치를 베푼 세상에 드문 임금으로 찬탄하면서, "수의 환란을 평정한 것은 탕왕과 무왕의 공적에 버금가고, 훌륭한 정사를 이룬 점에서는 성왕과 강왕에 가까우니, 예로부터 공과 덕이 모두 융성하기로 한나라 이래 이와 같은 경우가 없었다"라고 하였다. 아마 김부식은 바로 이 대목을 원용하였을 것이다. 그러나 사론의 핵심은 바로 그와 같이 영명한 태종을 물리친 안시성주에 대한 경탄이었다. 그러한 만큼 정작 안시성주의 이름이 전하지 않는 것은 더욱 애석한 일이다.

조선시대에 와서는『삼국사기』가 알 수 없음을 애석해한 안시성주의 이름이 양만춘梁萬春이라는 견해가 공유되어 갔다. 즉 1669년 경연 중에 송준길宋浚吉은 안시성주의 이름을 묻는 현종의 질문에 양만춘이라 대답하고 있으며, 다시 왕이 그 근거를 묻자 부원군 윤근수尹根壽가 중국에서 듣고 기록한 것이라고 대답하였다. 윤근수는 선조 때 명나라와의 외교 일선에서 활약하였으며 특히 임진왜란 발발 이후 여러 차례 명과의 교섭을 주도하면서 국난 극복에 기여했으

그림 10 고구려 백암성

므로, 그 과정에서 명대의 당 태종 관련 전승을 접하면서 예의 주목하였을 법하다. 송준길 역시 송시열과 함께 효종 정부의 북벌론에 편향한 인물인지라, 고구려의 대 중국 투쟁사 관련 전승에 각별한 관심을 지녔을 것으로 추측한다.

또 박지원朴趾源의 『열하일기熱河日記』에도 세상에서 전해오는 말이라 하여 "안시성주 양만춘이 당 태종의 눈을 쏘아 맞추자, 태종이 성 아래에 군사를 집합시키고 비단 백 필을 하사하여 그가 자기 임금을 위해 성을 굳게 지킨 점을 포상하였다"라고 하였다. 그리고 이어 이 사건을 언급한 숙종 대의 학자 김창흡金昌翕의 시와 고려 말의 문신이자 성리학자였던 이색李穡의 「정관음貞觀吟」을 소개하였다. 김창흡은 양만춘의 화살에 태종의 눈동자[眸子]가 떨어졌다고 하였고, 이색의 시에도 태종의 피격을 일러 "흰 날개에 검은 꽃이 떨어졌다[玄花落白羽]"라고 묘사하였다.

이처럼 당 태종의 패배와 안시성주 양만춘의 존재는 전 근대의 문인 식자들에게 당연한 사실로 여겨지고 종종 시 적 화제로도 음미되었던 것을 알 수 있다. 다만 그러는 가 운데서도 이색이 양만춘이라는 인물 자체에 대해서는 언급 하지 않은 것으로 보아, 『삼국사기』 찬자들의 토로처럼 안 시성주의 실체가 고려시대에는 분명치 않았던 듯하다.

어쨌든 사론의 중심 취지는 당 태종의 고구려 친정은 실 패했다는 것이다. 송의 신종과 왕안석이 토론한 것처럼, 당 태종은 종국적으로 고구려에 패배하였다. 태종은 649년 여 름에 죽으면서 유조를 내려 고구려 침략 전쟁을 그만두게 하였다. 자칫 당나라도 수나라의 비극적 전철을 밟을지 모 르는 일이었다. 이 조치를 서술하는 대목에서 김부식은 다 시 장문의 사론을 작성하였다.

처음에 태종이 요동을 원정할 때 말리는 이가 하나가 아니었다. 또 안시성에서 철군한 후 스스로 성공하지 못한 점을 깊이 후회해 탄식하기를 "만약 위징이 있었더라면 내가 이 원정을 하지 못하게 했을 것이다"라고 하였다. 다시 고구려를 치고자 할 때 사공司호 방현령房玄齡이 병중에서 표문을 올려 간하기를 "노자는 '만족할 줄을 알면 욕되지 않고 그칠 줄을 알면 위태롭지 않다'라고 하였습니다. 폐하께서는 그 위명과 공덕이 이미 족하다 하겠사옵고, 강역을 개척해 넓히는 것도 이제 역시 그칠 만하옵니다. 게다가 폐하께오서 매번 중죄인 한 사람을 처결하실 때에도 반드시 세 번 다시 살피고 다섯 번을 거듭 아뢰도록 하며, 보잘것없는 음식을 올리게 하고 풍류를 그치게 함은, 사람의 목숨을 소중하게 여기시는 바이거늘, 이제 무고한 사졸들을 몰아다가 칼날 아래 내맡겨 비참하게 죽게 하는 것만은 어찌하여 불쌍하게 여기지 않으십니까? 지난날 가령 고구려가 신하의 법도를 어겼다면 처단함이 옳고, 우리 백성을 침노해 괴롭힌다면 패멸시킴이 옳으며, 뒷날 중국의 두통거리가 될 것 같으면 없애 버려도 좋을 것입니다. 그런데 지금은 이와 같은 세 가지 조건이 없는데도 공연히 중국을 번거롭게 하는 것이니, 안으로 전대의 치욕을 씻고 밖으로 신라의 원수를 갚는다 하나, 이 어찌 얻는 것은 작고 잃는 것은 큰 것이 아니겠습니까? 원컨대 폐하께서는 고구려가 스스로 새로워지도록 내버려 두시어 파도를 헤쳐 나갈 배를 불사르고 웅모한 무리를 흩어 버리신다면, 자연히 중화에는 경사요 오랑캐는 의지해 올 것이며, 원방은 삼가 공경하고 근방은 편안하리이다"라고 하였다.

양국공梁國公이 장차 죽으려 할 때의 말이 이같이 간곡했는데도, 황제는 듣지 않고 동방을 폐허로 만들어야만 속이 시원할 것으로 생각하더니 죽게 되어서야 그만두었다. '사론'에 이르기를 "큰 것을 즐기고 공명을 좋아해 멀리까지 군사를 내몰았다"라고 한 것은 이것을 이른 말이 아니겠는가? 유공권柳公權의 『소설小說』에 이르기를 "주필산駐蹕山 전쟁에서 고구려와 말갈의 연합군이 40리에 뻗치자 태종이 바라보고 두려워하는 기색이 있었다"라고 하였으며, 또 "6군六軍이 고구려에 제압되어 거의 움츠러 떨치지 못할 때 척후병이 영공英公의 휘하 흑기黑旗가 포위되었다고 아뢰니 황제가 크게 두려워하였다"라고 하였다. 비록 끝내는 스스로 탈출해 나왔으

나 두려워함이 저와 같았거늘 『신·구당서』와 사마광의 『자
치통감』에는 이를 말하지 않았으니, 이는 어찌 자기 나라를
위해 꺼려 회피한 경우가 아니겠는가? (『삼국사기』 고구려본기
10 보장왕 8년)

찬자는 우선 위징과 방현령 등이 고구려에 대한 군사 행
동에 반대한 사실을 예거하였다. 당 태종은 이를 물리치고
무모한 전쟁을 불사하다가 죽음에 당하고서야 후회한 것
이다. 사론은 이어 중국사서의 왜곡된 필법을 환기시켰다.
이를 위해, 『삼국사기』 찬자 스스로 가장 크게 의존했으며
당 태종과의 전쟁 기록을 가장 풍부하게 담고 있는 『자치통
감』과 『신·구당서』를 직접 거론하였다. 즉 찬자의 강조점
은 당 태종의 고구려 침공이 패배 혹은 실패한 것이라는 데
있다. 그러므로 중국 측의 주요 관련 기록물들은 이를 은폐
하거나 왜곡한 것이다.

물론 고구려본기에 보이는 당 태종과의 전쟁 기록은 대
부분 찬자가 비판한 『자치통감』과 『신·구당서』에 의존하
였다. 그러므로 당 태종이 안시성 전투 후 그 실패를 인정

하면서 후회했다거나 방현령 등이 간곡히 요동 침공을 만류했다는 것, 그리고 죽음에 임박한 당 태종 스스로 고구려 침공을 중단케 했다는 것은 중국 측 기록에서도 '사실'이었다. 다만 그 문맥적 의미가 다를 뿐이다.

김부식이 작문을 위해 중국 사서에서 인용한 내용은 주로 당 태종의 패배와 후회, 죽어서야 그치게 된 끝없는 과욕과 무절제, 공명에 매인 군사행동, 고구려와의 전쟁에서 보인 위축 등 모두 부정적인 대목들이다. 고구려에 대한 무모한 침략 행위에 집중하여 당 태종을 비판하고자 한 찬자의 의도는 명백하다. 이것은 아마 『삼국사기』 편찬자의 자기 역사를 향한 애정에 다름 아닌 것이다. 특히 그는 유공권의 『소설』을 들어 『신·구당서』와 『자치통감』에서 당 태종의 패색과 위구함을 제대로 기록하지 않은 사실을 지적하였다. 유공권은 당 헌종 대에 입사하여 865년에 죽은 이로서 당 태종으로부터 200여 년 뒤의 인물이다. 그 실체를 추적하기 어렵지만 그의 『소설』에는 안시성 전투 때 당 태종의 위축과 영공 즉 이적李勣의 곤경이 언급되었던 것이다.

사실 당 태종의 고구려 공격이 심각한 실패로 끝났다는

것은 중국의 사서에서도 전혀 외면될 문제는 아니었다. 예를 들어 송의 범조우范祖禹는 『당감唐鑑』(1086)에서 645년의 전쟁을 평하여 "당 태종의 고구려 정벌은 수 양제의 그것과 다를 바 없으며, 다만 나라가 망하는 데까지 이르지는 않았을 따름이다"라고 하였다. 『송사宋史』 찬자도 고구려를 일러 "수 양제는 두 번이나 출병했고, 당 태종은 친히 정벌했으나 모두 이기지 못했다"라고 하였다. 게다가 당 태종 스스로 안시성에서 철군하여 귀경한 직후 이정李靖에게 "내가 천하 사람을 가지고서 작은 오랑캐에게 곤욕을 당한 것은 무엇 때문인가?"라고 묻고 있었다. 비록 그들의 대화는 전략 전술에 관한 것이었지만, 전쟁의 패배를 부인하지 않았던 것이다.

요컨대 사론 찬자가 당 태종에 대한 『신당서』의 극찬을 인용한 것은 결국 그를 패퇴시킨 안시성주의 호걸다움과 비상함을 부각시키기 위한 역설이었다. 마찬가지로 당 태종에게 현실적 침공 명분을 제공하고 또한 당 태종을 패퇴시킨 안시성주와 대립했던 연개소문조차 고구려를 보위해 낸 재사였음을 허용한 것 역시 고구려를 자기 왕조의 토대로 인식했기 때문이었다. 다시 말해 안시성주와 연개소문에 대한 찬자의 평가는 그들의 이민족을 상대로 한 투쟁에서의 공로를 겨냥한 것이었다. 연개소문의 정변에 대해 폄훼하면서도 당나라의 침습에 대한 그의 역할 역시 긍정하였다. 이러한 양면성은 김부식과 같은 당시 지식인들이 삼국 시기의 인물과 사건을 논평함에 있어 국제적 지식인으로서 유교적 명분론에 입각하면서도, 자국사에 대한 애정을 담아내고자 할 때 봉착하게 되는 필연적 귀결이었다고 생각한다.

4. 문화적 주체 의식

고려는 신라 하대에 재연된 삼국의 분립을 해소한 통일왕조이다. 견훤이 선구한 후삼국시대는 궁예의 후고구려를 이은 태조 왕건에 의해 종식되었다. 태조는 천 년 전통의 신라로부터 국토와 인민을 넘겨받았고, 신검의 후백제를 병합하였다. 그러나 결국 고려는 신라의 태내에서 신라의 영토와 백성과 제도를 이어받은 것이다. 7세기 전쟁에서 삼국이 한 차례 통합되었다가 10세기 초에 다시 한 번 일통을 이루기까지, 신라의 여러 부문은 규모의 증대뿐만 아니라 질적으로도 발전하였다.

따라서 12세기 고려 중기의 지식인들이 신라를 위시한 삼국의 역사를 자기 왕조의 전대사로 편찬할 때 조우하게 된 여러 고대적 특질은 얼마간 낯선 것이었다. 고대의 요소들일수록 중국적 보편과는 분별되기도 하였다. 그것들은 일견 문화적으로 조야하거나 미숙한 것으로 비쳐질 수도 있다. 더구나 문명화의 기준을 중국적 지표에서 구하는 중세의 타성에서 본다면 삼국의 고유한 문화 특질들은 이미 낡은 것이기도 했다. 다만 삼국의 제도와 문화적 특질들이란 고려인 자신들의 역사적 토대이기도 한 것이라, 크게 보면 고유문화에 대한 태도의 문제를 가늠할 수 있는 재료이기도 하다.

『삼국사기』의 사론 가운데서는 특히 신라의 제도 및 문물과 관련하여 그와 같은 사례들이 발견된다. 가장 현저한 경우로 신라의 고유한 왕호의 문제를 살펴본다.

신라의 왕칭에는 거서간이 하나, 차차웅次次雄이 하나, 이사금이 열여섯, 마립간이 넷의 용례가 있다. 신라 말의 유명한 유학자 최치원이 지은 『제왕연대력帝王年代曆』에는 모두 '모왕某王'이라 하고 거서간 등은 말하지 않았으니, 이는 아마 그 말이 비속하고 저열하여 족히 일컬을 만하지 못하다고 여겼던 때문이 아닐까? 그러나 『좌전』과 『한서』로 말하자면 중국의 사서인데도 오히려 초나라 말 '곡어토榖於菟'와 흉노 말 '탱리고도撑犂孤塗' 등을 그대로 보존해 남겨 두었다. 그러므로 지금 신라의 일을 기록함에 있어, 그 방언을 그대로 두는 것이 역시 마땅할 것이다. (『삼국사기』 신라본기 4 지증마립간 즉위년)

논의의 대상은 신라왕의 고유한 칭호들이다. 거서간, 차차웅, 이사금, 마립간은 모두 신라에서만 쓰였던 고유한 용어였다. 그런데 최치원은 『제왕연대력』에서 이들 고유 칭호를 모두 '왕'으로 표기했다 한다. 『제왕연대력』은 지금은 전하지 않지만, 아마 고대의 여러 왕호와 주요 사건들을 약술한 연대기적 자료로 추측한다. 반면에 사론을 작성한 김부식은 신라의 고유한 왕칭을 『삼국사기』 편찬에 준용하는 게 옳다고 정리하였다. 그는 신라 고유의 방언들을 역사 서술에 그대로 적용하는 것을 원칙으로 삼고자 하였다. 다시 말해 김부식이 논의한 신라 왕칭의 문제는 단순히 신라 고유 제도의 일단을 환기시키자는 게 아니라, 『삼국사기』 전편을 일관하는 하나의 원칙으로서 편찬 작업에 준용할 범례적 역할을 하는 것이다.

사론은 『좌전』과 『한서』와 같은 중국사서의 전례를 제시하여 설득력을 높이려 하였다. 먼저 '곡어토'는 초나라 영윤 ㅎ尹 文文의 출생에 관련된 고사에서 유래하였다. 그는 젖먹이 시절에 벌판에 버려졌는데 범이 와서 그에게 젖을 먹였다. 그런데 초나라 사람들은 젖 '유乳'를 '곡穀'이라 하고 범 '호虎'를 '어토於菟'라고 하기 때문에, 그의 이름을 '곡어토'로 삼았다 한다. 고대의 음가로는 '누어도'에 가깝다고 한다. 마찬가지로 흉노는 하늘 '천天'을 '탱리'라 하고 아들 '자子'를 '고도'라고 한다 하므로, '탱리고도'는 곧 '천자'를 이르는 것이다.

이러한 전례처럼, 신라의 역사를 서술할 때 신라 고유의 왕호를 그대로 보존해 쓰겠다는 것이 논찬자의 방침이었다. 이와는 별도로 『삼국사기』에는 이들 왕칭 각각의 의미에 대해 8세기 초 진골 지식인 김대문金大問의 설명을 인용하여 밝혀 두었다. 각 왕칭이 처음 등장하는 곳에 김대문의 설명은 자리한다.

거서간이란 진한 말로 왕을 이른다.[혹은 귀인의 칭호라고 한다.] (『삼국사기』 신라본기 1 시조 즉위년)

[차차웅은 혹은 자충慈充이라고 한다. 김대문은 말하기를 "차차웅이란 방언으로 무당을 이른다. 세상 사람들이 무당이 귀신을 섬기고 제사를 받들기 때문에 그를 외경해 마침내 존귀한 어른을 일컬어 자충이라고 하게 되었다"라고 하였다.] (『삼국사기』 신라본기 1 남해차차웅 즉위년)

김대문은 말하기를 "이사금은 방언이니 잇금을 이른다. 이전에 남해南解가 바야흐로 죽으려 할 즈음 아들 유리와 사위 탈해에게 일러 말하기를 '내가 죽은 뒤 너희 박, 석 두 성씨 가운데 나이가 많은 사람이 왕위를 이을 일이다'라고 하였다.
그 후 김씨가 또한 발흥하니 세 성씨 가운데 나이가 많은 사
람이 서로 왕위를 이었으며, 이런 연유로 이사금이라고 일컬
었다"라고 하였다. (『삼국사기』 신라본기 1 유리이사금 즉위년)

[김대문이 이르기를 "마립麻立이라는 것은 방언으로 말뚝[橛]을 이른
다. 말뚝은 '함조誠操'를 말하는데 관위에 따라 배치하였다. 즉 왕의
말뚝을 위주로 해 신하의 말뚝들은 그 아래 벌여 두었으므로, 왕호
를 이렇게 이름했던 것이다"라고 하였다.] (『삼국사기』 신라본기 3
눌지마립간 즉위년)

김대문은 이처럼 차차웅, 이사금, 마립간에 대해 일일이
'방언'의 의미를 설명했다. 다만 최초의 왕칭인 거서간에 대
해서는 김대문의 설명이 드러나 있지 않다. 그러나 거서간
이 왕을 이르는 '진한 말'이라고 한 설명은 김대문이 나머지
세 가지 왕칭의 뜻을 풀이하는 데 동원한 '방언'과 같은 위
상에 있다. 그러므로 거서간에 대한 신라인의 고유한 의미
를 소개한 대목 역시 김대문의 견해로 본다. 이렇듯 김대문

은 신라의 고유한 왕칭을 한결같이 신라 고유어의 맥락에서 그들이 어떤 역사적 배경을 토대로 '왕'을 이르는 용어인지를 밝혀 둔 셈이다.

신라 고유의 왕칭에 대한 김부식의 예거와 관련 논거에 대한 수용 태도는 몇 가지로 다르게 이해될 수 있다. 일견 그것은 신라 고유의 문화에 대한 존숭이요 역사 서술에서의 사실 중시인바, 객관성과 자주성의 표출로 읽힌다. 그러나 각 용어에 대한 김대문의 설명을 동원한 서술자와 사론 작성 주체인 김부식을 준별할 필요가 있을지도 모른다. 게다가 사론에서 직접 논거가 된 것이 중국의 사서들임을 주안하고, 따라서 오히려 중국 중심적 혹은 의존적 사유의 한 특징으로 음미한다면, 뜻밖에도 전혀 반대의 평가마저 허용될 여지가 없지 않다.

이 문제는 최치원이 『제왕연대력』을 찬술하면서 신라왕들을 모두 '모왕'으로 일관하여 고유의 왕칭을 거론하지 않았다는 사실과도 연동하여 음미해야 한다. 게다가 또한 바로 그 사실을 들어 김부식은 최치원의 편사 태도의 일단을 비판적으로 적시하였다. 김부식의 추단은 일견 최치원의 사료 취급 태도에 회의적이며, 독자들의 최치원 이해가 사뭇 부정적으로 형성되는 데 일조한다. 그러나 최치원의 편사 태도에 대한 평가 역시 김부식의 짐작과는 별도의 영역에서 상이하게 개진될 수 있다. 즉 신라 고유의 왕칭을 개변한 것이 그의 모화주의에서 기인한 것인지, 국제적 지식인이 자기 문화를 보편적 가치에 견주어 음미하고자 한 방식의 일환인 것인지, 혹은 더욱 섬세한 다른 요소가 개입된 것이지, 가벼이 판정할 일이 아니다.

한편 고대의 혼인 제도와 같은 경우는 왕칭의 문제와는 달리 생생한 일상 문화의 영역에 있다. 또한 혼인은 『삼국사기』 편찬 당시까지도 강인한 문화적 유전인자로서 고유한 특질을 유지해 온 대표적 사례이기도 하다. 신라의 내물이사금이 즉위하는 대목에 있는 사론을 통해 이를 짐작해 보기로 한다.

장가를 드는 데 동성同姓을 취하지 않는 것은 부부의 유별을 두터이 하고자 함이다. 그러므로 노공魯公이 동성의 오吳에 장가든 것이나 진후晉侯가 동성의 사희四姬를 둔 것에 대

해, 진陳의 사패司敗와 정鄭의 자산子産이 깊이 나무랐던 것이
다. 그런데 신라와 같은 경우는 동성을 취할 뿐만 아니라, 형
제의 딸이나 고종·이종 자매를 다 맞아 아내로 삼기도 하였
다. 비록 외국이 각기 풍속이 다르다 하나, 중국의 예로 이
를 따져 본다면 크게 잘못된 일이다. 그러나 흉노와 같이 어
머니와 정을 통하고 자식과 관계하는 것은 이보다 더욱 심한
것이다. (『삼국사기』 신라본기 3 내물이사금 즉위년)

동성혼에 대한 비판은 『예기』의 글을 활용한 것이다. 그
에 따르면 "남녀 사이에 중매가 있지 않으면 서로 이름을
알리지 못하며, 폐백을 받지 않았으면 교제하거나 친근히
하지 못한다" 하며, "아내를 맞는 데에는 같은 성을 받아들
이지 않는 것이니, 첩을 들일 때 그 성을 알지 못하면 점을
친다"라고 하였다. 노공과 진후의 동성혼에 대한 비판은 각
각 『논어』와 『좌전』에 보인다. 즉 진나라 사패는 공자와 대
화하다가 노나라의 소공昭公이 동성의 오나라에서 부인을
맞이하였고, 그 점을 꺼려서 그녀를 '오맹자吳孟子'라고 하였
으니, 그와 같은 소공이 예를 안다면 누가 예를 모르겠느냐

고 비판하였다. 노의 소공이 동성의 부인을 맞이했기 때문에 희씨라 하지 못하고 오씨라고 이른 것을 말한다. 그녀는 마땅히 '오희吳姬'라고 해야 옳았던 것이다. 또 진나라 평공平公이 병에 걸리자 정나라에서 자산을 보내 문병케 했는데, 자산은 진후가 병에 걸리게 된 원인을 논변하면서 사희四姬, 즉 네 명의 동성 여인을 거느린 점에 대해 비판하였다.

사론의 취지는 일단 동성혼에 대한 비판이다. 이 사론은 내물이사금이 즉위한 대목에 자리한다. 내물이사금의 아버지와 어머니와 아내가 모두 김씨였다. 왕의 아버지와 왕비의 아버지가 친형제였으므로 왕과 왕비는 사촌 간이었다. 그 이전에도 동성혼이나 근친혼의 예가 없었던 것은 아니나 내물이사금의 근친혼은 김씨 왕실에서는 최초이자 근친의 정도에서 매우 현저하였다. 또한 신라 전 시기의 왕실혼 가운데는 진흥왕의 아들 백정白淨이 진흥왕의 누이인 만호萬呼, 즉 친고모와 혼인한 경우처럼 근친의 정도가 더한 예가 있지만, 왕 자신의 혼인으로는 종자매와의 혼인이 가장 가까운 근친혼이었다.

찬자는 비록 중국의 예에 비추어 신라의 혼인을 비판하

면서도 굳이 흉노의 예를 들어 비교함으로써 상대적으로 신라 사회의 비례非禮의 정도를 완화하려는 의도를 노출하였다. 그가 그보다는 낮다고 한 흉노의 경우는 『사기』에서 "아버지가 죽으면 그 후모後母를 아내로 맞이하고, 형제가 죽으면 모두 그들의 아내들을 받아들여 자신의 아내로 거느린다"라고 하였다. 그러나 "흉노보다는 낮다"라는 김부식의 궁색한 변호는 오히려 역설적인 의미에서 흉노와의 비교를 암시하는 단서이기도 하다.

사실 부여와 고구려가 형사처수兄死妻嫂, 즉 형의 사후 형수를 아내로 맞이하는 혼속을 지니고 있었다는 것은 중국의 사서들에 저록되어 있는 사실이었다. 『삼국사기』에는 고국천왕과 그의 아우인 산상왕이 제나부提那部 출신 여성 우씨于氏를 왕비로 공유한 전형적 형사처수의 실례가 있다. 흉노와 선비鮮卑와 오환烏丸과 몽고 등 인접 사회에서도 동일한 관행이 확인된다. 또한 『일본서기』가 인용한 『백제신찬百濟新撰』에는 백제 개로왕과 그의 아우 곤지昆支 역시 아내를 공유했던 정황을 전한다. 이와는 반대 방향에서, 아내가 사망한 후 아내의 자매가 본래의 혼인 관계를 계승하는 자매역연혼sororate의 사례들 역시 고구려와 신라의 역사에서 쉽게 찾을 수 있다.

그런데 고려의 왕실 혼인에서도 한 남성과 친자매가 혼인 관계를 맺는 사례는 허다하였다. 『고려사』 형법지에는 죽은 처의 자매와 혼인하는 것을 금하는 논의가 소개되어 있는데, 이는 곧 자매역연혼의 광범한 현실을 반증한다. 더구나 태조 왕건의 딸들은 귀순해 온 신라의 경순왕에게 시집간 낙랑공주를 제외하면 대부분 이복 남매끼리 혼인하였다. 물론 이것은 건국 초기 취약한 왕실의 강고한 유대를 겨냥한 정치적 고려가 우선한 결과이다. 그러나 동시에 이 경우 공주들은 어머니 측 구성원 즉 외가의 자손으로 간주되었다. 실제 공주 출신 후비들은 모후의 성을 따랐다. 그로부터 생산된 왕자의 경우에도 부왕의 모향母鄕에 따라 봉군封君되었다.

요컨대 신라 왕실의 근친·동성혼에 대한 논찬자의 평가에는 고려의 현실이 반영되었다고 보아야 한다. 문종은 이자연李子淵의 세 딸을 비로 맞이하였다. 『삼국사기』가 편찬되던 시기의 왕인 인종 또한 모후의 친자매들을 비로 맞이하였다. 즉 이자겸의 둘째 딸은 예종의 비였으며, 이자겸의 셋째 넷째 딸들이 다시 예종의 아들인 인종의 비가 되었다. 이처럼 신라 왕실의 동성혼과 근친혼은 고려에서도 의연히 재연되고 있었다. 따라서 이미 충분한 정도로 유교적 가족 윤리가 수용되어 있는 상황에서 중국과 다른 나라의 서로 다른 풍속을 들어 일방적인 폄절을 경계한 논찬자의 정서는 자기 문화를 향한 긍정의 시선으로 읽어도 좋다고 생각한다. 그와 같은 정서가 과거에 소급되어 신라를 비롯한 고대의 혼인 관행에 대한 완곡한 변호의 논리를 낳았던 것이다.

5. 유교적 명분론의 현실

동성혼과 근친혼에 대한 이중적 평의에도 불구하고 어쨌든 사론들을 관류하는 기준은 본질적으로 유교적 가치관이다. 비록 『삼국사기』 찬자가 보여 주는 자국사와 자기 문화에 대한 애정과 변호의 태도는 조선시대의 훨씬 더 경직된 유교주의자이자 모화주의자들의 비난을 초래하기도 했지만, 구체적 인물의 행위와 인간관계에 대한 평가에서 『삼국사기』는 유교적 명분을 일탈하지 않았다. 물론 동일한 인물이나 사태라 해도 인물의 어떤 행위와 사태의 국면에 비중을 담아 보는가에 따라 사뭇 다른 평가와 판단은 비롯할 수 있다.

고구려 장수왕의 병력이 백제의 왕도 한성을 공격하여 함락시켰을 때의 장면에서 이 문제를 음미해 보기로 한다. 상황은 이렇게 전개되었다.

고구려의 대로對盧인 제우齊于와 재증걸루再曾桀婁와 고이만년古尒萬年 등이 군사를 거느리고 북쪽 성을 쳐서 7일 만에 함락시키고, 군사를 옮겨 남쪽 성을 치니 성 안이 위기감과 두려움에 휩싸이고 왕은 탈출해 달아났다. 고구려 장수 걸루 등이 왕을 발견하자 말에서 내려 절을 하더니, 이윽고 왕의 얼굴을 향해 세 번 침을 뱉고 곧 죄목을 헤아린 다음, 아차성阿且城 아래로 묶어 보내 죽이고 말았다. 걸루와 만년 등은 본래 백제 사람들인데 죄를 짓고 고구려로 도망해 숨었던 이들이다. (『삼국사기』 백제본기 3 개로왕 21년)

백제의 한성은 475년에 이렇게 함락되었다. 이로써 백제는 지금의 공주인 웅진熊津으로 밀려났다. 특히 백제 개로왕은 자신의 신민이었다가 적국의 장수가 된 자들에게 모욕을 입고 살해당하였다. 실로 백제사의 큰 사변이었다. 김부식이 이 사태에서 발견한 역사적 권계는 군신의 위계 문제였다.

초나라 소왕昭王이 도망해 왔을 때 운공鄖公 신辛의 아우 회懷가 소왕을 죽이고자 하여 "평왕平王이 우리 아버지를 죽였으니 내가 그의 아들을 죽이는 것은 또한 옳지 않은가?"라고 하니, 신이 말하기를 "군주가 신하를 죽임에 누가 감히 그를 원수로 삼겠는가? 군주의 명령은 곧 하늘의 명이니 만약 천명으로 죽였다 할진대, 장차 누구를 원수로 삼겠는가?"라고 하였다. 걸루 등은 자신들의 죄로 나라에서 용서받지 못했는데 도리어 적병을 끌어들여 예전의 임금을 포박해 해쳤으니 그 의롭지 못함이 심하다. 혹 이르기를 "그렇다면 오자서伍子胥가 영郢에 들어가서 평왕의 시체에 채찍질한 것은 어떠한가?"라고 할지도 모르겠다. 그것은 양자楊子의 『법언法言』에

평하여 오자서의 행위는 덕으로 말미암은 것이 아니라고 하였다. 이른바 덕이란 인과 의일 뿐이니, 오자서의 사나움은 운공의 어짊만 못한 것이다. 이로써 논하건대 걸루 등이 옳지 못한 것은 명백하다.

김부식은 개로왕과 재증걸루·고이만년과의 관계를 여전히 군주와 신하의 그것으로 파악하고 있다. 사실 평왕의 아들 소왕과 운공 신·회 형제의 관계는 개로왕의 죽음에 직접 비교되지는 않는 것이다. 처음에 초나라 평왕이 투성연鬪成然을 죽이고 그의 아들 신을 운 지역에 살게 했으니, 이가 곧 운공이다. 그 후 평왕의 아들 소왕이 오의 침입을 받아 운으로 도망해 오자, 운공의 아우 회가 그를 죽여 아버지의 원수를 갚고자 했다. 이에 운공이 위에 인용한 말로 아우를 말렸다. 또 운공은 "강한 상대는 회피하고 약한 이를 능멸하는 것은 용기가 아니요, 다른 사람의 궁색한 처지를 틈타는 것은 어질지 못함이며, 종가를 패멸시켜서 조상에 대한 제사를 끊어지게 하는 것은 효도가 아니고, 행동함에 아름다운 이름이 없는 것은 지혜가 아니다. 네가 굳이

그런 일을 저지른다면 나는 너를 죽이고야 말 것이다"라고
하였다.

이처럼 꼭 같은 사례는 아니지만 군주가 신하를 죽이는
것은 천명을 따르는 것이므로 복수의 대상이 되지 않는다
는 운공의 논리는 재중걸루와 고이만년의 개로왕에 대한
보복적 살해의 부당함을 강조하기 위한 예증이 될 수 있다.
즉 임금의 행위는 여하한 것이든 신하가 복수할 수 있는 성
질의 것은 아니라는 것이다.

김부식은 오자서의 행위를 논하여 다시 평왕에 대한 복
수의 부당함을 지적하였다. 애초에 초나라 소왕의 도망은
오나라의 공격에서 야기되었다. 이보다 앞서 소왕의 부 평
왕은 오자서의 아버지 오사伍奢와 형 오상伍尙을 죽인 바 있
다. 그 뒤 소왕 대에 오왕 합려闔廬의 군대가 초의 수도 영郢
에 들어갔을 때, 오자서는 평왕의 아들 소왕에게 복수하려
하였다. 그러나 소왕의 탈출로 뜻을 이루지 못하자 평왕의
무덤을 파헤쳐 그 시신에 채찍질을 하여 복수하였다. 그런
데 사론은 그와 같은 오자서의 잔혹함에 대한 양웅의 비판
을 인용하였다.

즉 김부식은 개로왕의 죽음을 의연히 신하에 의한 주군의 시해로만 수용하였다. 그는 개로왕의 실정과 독선을 직접 거론하지 않았다. 개로왕의 실정과 그로 인한 신민의 이탈을 연계해 보지 않음으로써, 사론에는 대상 사건의 역사성이 배제되고 말았다. 그러나 『삼국사기』 백제본기의 문맥은 한성 함락과 개로왕 패사의 원인으로 고구려의 첩자였던 승려 도림道琳의 암약에 놀아난 개로왕의 무리한 공역과, 그로 말미암은 재정의 허갈 및 백성의 곤궁을 들고 있다. 이 점을 정면으로 거론한 것은 『동국통감』의 사론이었다.

옛적에 소진蘇秦이 제왕齊王에 유세하여 궁실을 높이고 원유園囿를 크게 한 것은 제齊나라를 피폐케 하고 연燕나라를 위하고자 함이었다. 장의張儀는 진秦나라를 위하여 위魏나라의 승상이 되어서 위나라를 유도하여 진나라를 섬기게 하였다. … 개로왕은 한갓 구구한 작은 재주를 좋아하여 심지가 미혹되었으며 마침내 적국에 유인되고 늙은 중의 노리개가 되었으니, 마치 재간꾼 손아귀의 꼭두각시와 같이 오직 부리는 대로 하였다. 궁실을 높이고 누각을 번지르르하게 꾸미라면 그대로 하였고 석곽을 만들고 강둑을 쌓으라 하면 그대로 좇아 창고는 다하고 민력은 초췌하였다. 국사는 버려지고 적병은 밀려드니 후회하여도 이미 늦었다. 자신은 적의 칼날에 죽고 후세에 웃음거리가 되었으니 이것이 누구의 허물이겠는가.

(『동국통감』 4 송 원휘元徽 3년 백제 개로왕 21년)

『동국통감』의 논자는 개로왕 자신의 허물을 우선 고려하고 있다. 소진·장의 등 종횡가를 고구려의 승려 첩자 도림에 비기면서 그에 놀아난 개로왕은 스스로의 죽음을 자초한 셈이라 하였다. 사뭇 『삼국사기』의 논찬과는 비중점이 다른 듯 보인다. 더 나아가 앞서 대무신왕의 아들 호동의 죽음이 건국 초기 고구려의 역사성보다는 가족 윤리 속에 함몰된 것처럼, 백제 개로왕의 죽음에 대한 『삼국사기』의 사론은 왕이 신하의 손에 죽는다는 것은 용납할 수 없다는 명분에 사로잡혀 있는 것처럼 보인다. 그렇다면 조선의 식자들보다도 김부식이 오히려 더 군신 간의 유교적 충효 질서에 집착했던 것인가.

그러나 『삼국사기』의 논찬은 우선 재증걸루 등이 범한 죄를 판단의 전제로 하였다. 비록 그들의 구체적 죄상이 드러나지는 않았지만 여전히 개로왕과 재증걸루 등은 군신 관계에 있다. 반면 『동국통감』의 논찬에서 재증걸루 등은 적국의 장수들일 뿐이다. 게다가 『삼국사기』의 논찬이 초나라 평왕을 예로 든 이상 개로왕의 실정을 반드시 염두에 두지 않은 것도 아니었다. 어쩌면 군군신신君君臣臣, 즉 군주와 신하가 각자의 본분에 맞게 도리를 다해야 할 것이라, 차라리 독자로서 놓치기 쉬운 측면을 부각하려는 전략일지도 모른다. 호동의 경우에도 대무신왕이 어리석은 임금인 점이야 더 이를 나위가 없으므로, 호동의 불효를 오히려 드러내 논변했던 것과 마찬가지일 것이다.

그럼에도 불구하고 어떤 맥락에서든 김부식은 군주 중심의 사고를 포기하지 않았다고 생각한다. 군주와 신하는 부모와 자녀가 그러하듯이 서로 연관 속에서 평가될 일이었다. 그의 시각에서 말하자면, 먼저 임금이 임금다워야 신하가 신하다울 수 있다고나 할까.

다시 고구려의 한 장면을 보기로 한다. 2세기 말 고국천왕은 외척의 발호를 진압한 다음 비상한 정국을 수습할 인물로 재야의 을파소乙巴素를 전격 등용하였다. 무명의 을파소는 자신의 역할을 효과적으로 수행하기 위하여 행정 수반이라 할 국상國相의 직책을 요구하였다. 고국천왕은 이에 부응하여 을파소의 권한을 보장하여 주었으며, 이 파격적 조처는 적절한 효과를 거두었다. 을파소를 천거한 안류晏留에게도 포상이 주어졌다. 김부식이 고국천왕을 기린 논리를 보자.

옛날 명철한 왕은 어진 이에 대해 보통의 관례에 의하지 않고 선발하며 그를 등용해 의혹을 두지 않았으니, 말하자면 은殷의 고종高宗이 부열傳說에게, 촉蜀의 선주先主가 공명孔明에게, 진秦의 부견苻堅이 왕맹王猛에게 하듯 한 다음에라야, 어진 이가 제 지위에 있고 능력 있는 이가 제 관직에 있게 되어, 정치와 교화가 밝게 닦여서 국가가 보전될 수 있었던 것이다. 지금 고국천왕은 결연히 독단하여 을파소를 바닷가로부터 발탁해 중론에 흔들리지 않고 그를 백관의 위에 두었으며, 게다가 그를 천거한 이에게도 상을 주었으니, 가히 선왕

의 법도를 체득했다고 할 만하다. (『삼국사기』 고구려본기 4 고

국천왕 15년 사론)

 김부식은 고국천왕과 을파소의 관계를 과거의 저명한 군

신들의 선례로 비유하였다. 은의 고종이 꿈에 '열'이라는 이

름의 성인을 만났는데, 꿈에서 깨어 여러 신하들을 살펴보

았으나 꿈에 본 모습이 아니었으므로, 그의 모습을 그리게

하여 찾게 했던바, 부험傳險의 들에서 그를 찾았다. 고종이

이를 만나 보니 꿈에 본 모습과 같았으며 그와 함께 이야기

를 나누어 보니 과연 성인이었던지라, 그를 재상으로 삼아

은나라가 크게 다스려졌다 한다. 촉의 선주 유비劉備와 그가

삼고초려하여 얻은 명재상 제갈량諸葛亮의 관계는 특별히 각

별하여, 물과 물고기의 관계로 비유될 정도였다. 왕맹 역시

부견에게 초빙되어 그의 건국에 참여했으며, 부견이 제위

에 오르자 승상 직에 올라 많은 공적을 세워 전진前秦을 강

성하게 하였다. 그가 죽었을 때 부견이 통곡을 했다 한다.

 고구려본기에 보이는 을파소의 행적도 그러하였다. 을파

소는 정교를 밝히고 상벌을 신중히 하였으므로 백성이 안

정되고 내외가 무사하였다. 때맞춰 고국천왕은 을파소를 질시하는 고관대작들의 불만을 제어해 주었다. 이에 을파소는 "때를 만나지 못하면 물러나 은둔하고 때를 만나면 나아가 벼슬하는 것이 선비의 상례"라 하여 왕의 기대에 부응하였다. 을파소는 고국천왕의 배려에 감복한 것이다. 그러므로 을파소의 성과는 고국천왕의 전폭적인 신임과 지원에 힘입은 것이다. 고국천왕의 명철함은 을파소와 같은 유능한 인재에 대한 결연한 신임에 있다. 김부식이 고국천왕을 기린 이유는 여기에 있다.

고국천왕과 을파소에 대한 평가가 딛고 있는 현재성은 무엇인가. 김부식의 작문은 현실의 인종을 독자로 겨냥한다. 이미 말한 바와 같이 김부식은 1135년에 묘청 등의 서경 세력을 진압할 책임자로 지목되었다. 그러나 묘청 등의 정책 대안은 전기 귀족 사회의 제반 모순이 점증되어 가는 토대 위에서 발로된 것으로서, 왕과 일부 신료들에게 한때 광범한 설득력을 가지기도 하였다. 그만큼 김부식의 서경 토평에는 현실적인 장애가 적지 않았다. 개경의 신료들뿐만 아니라 현장에 출동한 막하의 지휘관들조차 김부식의 전술에 반대하였다. 서경에 대한 정토를 결정한 이후 왕의 의도가 분명해진 이상, 반 김부식 정치 세력들은 서경 전역의 신속한 해결에 집중하여 김부식에 공세를 가하였다.

이 집요한 움직임에 당하여 인종의 신임은 김부식에게 중대한 요건이 되었다. 다행히 인종은 신료들의 헌의서獻議書를 오히려 김부식에게 보이면서 그를 지원하였다. 김부식은 서경을 평정한 후 일정이 지연된 데에 대해 완곡한 자기 변호를 하였다. 한의 광무제는 외효隗囂를 쳐서 3년 만에 이겼고 당의 덕종德宗도 이희열李希烈을 토벌하여 4년 만에 평정했던 데 반해, 그보다 죄악이 훨씬 심대한 서경의 적도를 만 1년 만에 물리쳤다고 하였다.

인종 역시 김부식의 변호를 적극 수용하였다. 인종은 김부식의 헌첩표에 답하는 교서에서 김부식이 안위와 이해의 기틀을 살펴 선후와 완급의 편의를 알 수 없었다면 승리할 수 없었으리라고 하였다. 또 군사를 동원한 지 만 1년이라 하나 평정의 공을 이룬 것은 하루아침의 일이었다고 하였다. 나아가 옛 은의 고종이 반국을 정벌하고 주공이 죄인을 잡는 데도 3년이 걸려 평정하였으나 만세토록 그를 칭송한다 하여 김부식의 변호 논리를 보강해 주었다. (『동문선』 23 교서 「원수김부식평서헌첩교수元帥金富軾平西獻捷教書」)

서경 정토의 전권을 맡겨 주변 신료들의 분분한 이견을 물리치고 김부식을 지원한 인종은 초야의 을파소를 발탁하고 신임한 고국천왕에 비교될 만하다. 그러므로 『동국통감』과 『삼국사기』의 사론에서 확인된 차이점은 바로 김부식 자신의 정치적 역할 및 경험을 토대로 한 인식에서 유래하였다고 판단한다. 김부식은 임금의 신하에 대한 절대적 신임을 강조하고자 하였다.

이와 관련하여 김유신에 대한 사론은 더욱 인상적이다. 『삼국사기』에서 가장 큰 비중을 차지하고 있는 인물은 김유신이다. 그러나 김유신전에 붙인 사론은 김유신의 정치 군사적 위업을 포찬하는 것이기보다는 김유신의 공업을 가능하게 한 신라왕의 전폭적 신뢰를 강조하였다.

당의 이강李絳이 헌종憲宗에게 대답해 아뢰기를 "간사하고 아첨하는 자를 멀리하고 충직한 자를 등용하며, 대신들과 논의할 때는 존경하고 믿어 소인배가 끼어들지 못하게 하시고,

그림 11 김유신 묘

어진 자와 교우하실 때는 친근하고 예의를 다해 불초한 자가
참예하지 못하게 하소서"라고 했으니, 성실하다 이 말이여!
진실로 임금된 자의 긴요한 도리이다. 그러므로 『서경』에 이
르기를 "어진 이에게 일을 맡김에 의심하지 말며, 사특한 이
를 물리치는 데 주저하지 말라"라고 하였다. 이제 신라에서
유신을 대하는 것을 보면 친근히 하여 사이가 없고, 위임하
여 의심치 않으며, 도모하면 행하고 말하면 들어서 쓰이지
않음을 원망함이 없게 했으니, 가히 '육오동몽六五童蒙의 길함'
을 얻었다고 할 만하다. 그러므로 유신은 그 뜻을 행할 수 있

었고, 중국과 협력해 세 나라를 합해 한 집안을 이루어 공적과 명성을 남기고 일생을 마칠 수 있었던 것이다. (『삼국사기』열전 3 김유신전 하)

이강의 말은 당 헌종이 태종이나 현종과 같은 성대를 이루려면 어떻게 해야 하는가를 묻자 이에 대답한 것으로, 『신당서』에 보인다. 왕이 신임해야 할 충직하고 어진 대신과, 그를 방해하는 불초한 소인배를 대비시켰다. 특히 『상서』의 인용은 어진 자에게 일을 맡김에 철저히 그를 신임하여 사특한 자의 방해가 끼어들 수 없도록 할 것을 강조하였다. 그런데 신라 왕실이 김유신을 대함이 바로 그와 같았다고 보았다.

'육오동몽의 길함'이란 『주역』을 원용한 것인데, 무지한 이가 높은 지위에 있으면서 겸손한 태도로 유능한 이에게 모든 것을 맡기고 그의 가르침을 받아들이는 것을 어린아이같이 하기 때문에 길하다는 뜻이다. 전진의 왕 부견이 왕맹의 죽음에 곡을 한 것처럼, 신라 문무왕도 울면서 죽음에 임박한 김유신의 유언을 들었다. 결국 찬자가 김유신의 삶에서 발견한 것은, 김유신 자신의 위대한 무공보다는 그것을 가능하게 한 신라 왕실의 아낌없는 신뢰였다.

김부식의 의도는 명백하다. 고국천왕이나 신라 왕실에서 을파소와 김유신을 대하는 태도의 정당함은 인종과 김부식 자신의 관계에도 적용되는 것이어야 한다고 생각하였다. 김유신에 관한 사론이 그의 구체적 공업보다는 대부분 신라 왕실에서 보여 준 의심하지 않는 신뢰로 채워져 있는 것은 김부식의 이러한 의도에서 말미암은 것이었다. 즉 김유신을 김유신이게 한 것은 신라왕의 완벽한 신뢰에서 비롯한다는 것이다. 말년에 서경 전역 연루자들이 속속 복권되는 가운데 역량의 한계를 절감하고 현직에서 퇴거해야 했던 김부식은, 『삼국사기』를 편찬하는 가운데 문득 자신의 정치 역정에서 유래한 자기변호의 갈피를 발견했을 법하다.

7장
『삼국사기』, 그 이후의 시선들

1. 수용 맥락과 준거의 착종

『삼국사기』는 고려 인종 23년(1145)에 찬진되었다. 불과 2개월 뒤 인종이 죽고 의종이 즉위하였다. 인종 대 고려사회는 묘청 등이 주도한 서경 천도 문제로 격렬한 갈등에 휩싸인 바 있다. 서경 전역의 상흔이 온전히 가시지 않은 시기에 『삼국사기』는 탈고되었다. 아마 곧바로 간행 작업을 시작하였을 것이다. 편찬 책임자였던 김부식은 의종 5년(1151)에 죽었다. 명백한 증거는 없지만, 그가 죽기 전에 『삼국사기』 초간본이 발행되었을 가능성이 크다. 『삼국사기』

에 있는 그의 관함에 시호 문열공文烈公이 보이지 않기 때문이다.

왕명에 의해 편찬된 '국사'인 이상, 정부 주도로 간행된 『삼국사기』는 지식 관료들 사이에 유포되어 어떤 형태로든 호응과 비판의 대상이 되었다고 보아야 옳다. 『삼국사기』가 간행되기 전에도 삼국에 관한 역사 기록물과 다양한 장르의 전승 정보들은 있었을 것이지만, 이처럼 정제된 기전체 역사서의 유통은 전례가 없었다. 『삼국사기』는 적지 않은 관심의 대상이 되었을 것이며, 또한 그런 만큼 논란도 없지 않았을 것이다.

사실 어떤 형태의 시비와 논란의 가능성이야 편찬진이 먼저 예감하고 있었다. 무엇보다도 왕실 관련 서술의 경우, 집필자들은 신중하게 자기 점검을 하지 않으면 뜻하지 않은 비판의 과녁이 될 수도 있었다. 하나의 예를 들어 이 점을 음미해 본다.

918년에 왕건은 궁예를 축출하고 새롭게 원년을 일컬었다. 물론 기록은 한결같이 궁예의 폭정을 증언하고 있지만, 그렇다고 하여 정변으로 권좌를 차지한 태조 왕건의 마음이 평온한 것만은 아니었다. 더구나 왕건이 즉위한 지 보름이 못 되어 환선길桓宣吉과 윤흔암伊昕巖 등 궁예의 유력한 우익 세력의 저항이 줄을 이었다. 그 때문에 왕건은 두 달 뒤 자신의 거사에 공을 세운 2,000여 명의 공훈을 표창할 때 간단치 못한 속내를 이렇게 고백하였다.

내가 그대들과 함께 백성을 구제하고자 하여 신하로서의 절개를 끝까지 다하지 못한 터에 (이제 오히려) 이를 공업으로 삼게 되었으니 어찌 덕에 부끄러움이 없으랴! (『고려사』세가 1 태조 원년 8월 신해)

물론 이러한 태조의 복잡한 정서는 『삼국사기』 어디에도 드러나 있지 않다. 이와 같은 기록은 고려 왕조를 벗어난 이후 조선의 역사 서술자들에게나 가능한 일이었다. 여하튼 궁예와 견훤처럼 왕건 또한 새로운 일통의 주역이고자 했던 터에, 정변 직후 그의 행보는 종종 명분에서나 논리에서 궁색했던 듯하다. 그 2년 뒤 신라 경명왕景明王 4년(920)에 고려 태조를 알현하였던 신라 사신 김율金律은 이듬해 정월에 돌아와 이렇게 보고하였다.

제가 지난해 고려에 사절로 갔을 때 고려왕이 제게 묻기를
"듣건대 신라에는 세 가지 보물이 있어 이른바 장륙존상丈六
尊像과 구층탑九層塔과 성대聖帶가 그것이라 하는데, 불상과 탑
은 아직 있는 줄을 알거니와 성대가 지금도 있는가?"라고 하
였습니다만, 제가 대답하지 못하였나이다. (『삼국사기』 신라본
기 12)

당시 경명왕의 신라 조정에서는 세 가지 보물 가운데 '성
대'의 실체와 소재에 대해서 태조와 마찬가지로 파악하지
못하고 있었다가 우여곡절 끝에 찾아냈다 한다. 『삼국유
사』에 소개된 바로는 하늘이 진평왕에게 내려 준 옥대玉帶가
바로 이 성대일 것이다. 다만 신라 조정에서조차 이를 잊고
있었다는 것은 옥대에 부수된 신비적 의미 부여가 이미 퇴
색한 탓이었을 것이다.

그런데 태조가 이 신라의 삼보三寶에 대해 각별한 관심을
드러낸 것이다. 새로운 질서를 구현해야 할 혁명가로서 낡

은 가치와 사유를 탈각하지 못한 사례로 읽힐 소지가 있다. 즉위 초 신라와 고려의 교빙은 중요한 사실 정보이되, 거기에 보이는 태조의 태도는 고려시대 서술자들의 변명이 필요한 것이었다. 김부식은 이렇게 말하였다.

옛날에 명당明堂에 앉아 나라를 전하는 옥새玉璽를 잡고 구정九鼎을 벌여 놓는 것이 마치 제왕들의 성대한 일이었던 양 여기나, 한유韓愈는 이를 논해 "하늘과 백성의 마음이 귀일하고 태평의 기틀이 일어나는 것은 결코 세 가지 기물로 할 수 있는 일이 아니니, 저 세 가지 기물을 내세워 소중하다고 하는 것은 과장하는 이의 말인 것이다"라고 하였다. 하물며 이 신라의 이른바 세 가지 보물이란 역시 사람이 만들어 놓은 사치스러운 물건일 따름이니, 국가를 위해 하필 이것이 아니면 안 될 것이겠는가? 『맹자』에 이르기를 "제후의 보배가 셋이니 토지와 인민과 정사"라 하였고, 『초서楚書』에도 이르되 "초나라에는 보물로 삼을 것이 없으나 오직 착함을 보물로 여긴다"라고 하였다. 만약 이러한 것을 나라 안에 실행하면 온 나라 사람을 착하게 할 수 있을 것이고, 나라 밖으로 밀어 나아간다면 온 천하가 은택을 입을 수 있을 것이니, 이 밖에 또 무엇을 보배라고 말할 것인가! 태조께서는 신라 사람들의 말을 듣고 물어보신 것일 뿐이지, 그것을 숭상할만한 것이라고 여기신 것은 아니었다.

명당은 제왕이 정교를 시행하는 건물을 말하고, 구정은 9주를 상징하는 솥으로서 옥새와 함께 천자의 보물로 간주되었다. 이들 물건에 대한 당나라 지식인 한유의 비판은 그의 글 「삼기론三器論」에서 인용한 것이다. 『삼국사기』 편찬자는 한유의 논변에 동의하되, 태조를 위해 궁색한 변명을 덧붙였다. "우리의 태조께서 그따위 기물들을 숭상하여 그랬겠는가, 신라인들이 저들에게 삼보가 있다는 둥 여러 말들을 하니 그저 한 번 물어보신 것일 뿐이었겠지." 그러나 도대체 무슨 근거로 그렇게 추측하는지는 알 수가 없다.

따지고 보면 그의 변명과는 달리 태조 왕건은 훨씬 더 깊이 신라 삼보의 상징성과 신비적 권능을 신봉하였다. 즉 태조의 언행을 전하는 데 거리낄 게 없는 『고려사』에는 태조의 생각과 욕망을 이렇게 전한다.

어느 날 태조가 최응崔凝에게 말하기를 "옛날 신라가 황룡사 구층탑을 만들어 마침내 일통의 위업을 이루었거니와, 이제 개경에 칠층탑을 세우고 서경에 구층탑을 세워서, 그 현묘한 공업을 빌려 뭇 나쁜 무리를 없애고 삼한을 합해 일가를 이루려 하나니, 그대가 나를 위해 발원의 글을 지으라"라고 하였다. (『고려사』 열전 5 최응전)

그렇다면 『삼국사기』 편찬자들은 저와 같은 사정을 은폐하거나 왜곡한 것이다. 이 사례는 『삼국사기』 편찬자들이 고려 왕실 관련 서술에 얼마나 세심하게, 때로는 사실을 왜곡하면서까지, 배려와 주의를 기울였는지를 짐작하게 한다. 그런데도 불구하고 『삼국사기』는 간행 직후부터 바로 그 왕실 관련 사실에서 심각한 시비에 휘말렸다.

『삼국사기』에 의하면 신라 경순왕이 태조에게 귀부해 왔을 때, 태조는 신라 종실과의 혼인을 희망하였고, 이에 경순왕은 자신의 백부 김억렴金億廉의 딸을 천거하였다 한다. 그리고 그녀의 소생 안종安宗 욱郁이 곧 현종顯宗의 아버지라고 하였다. 그리하여 현종은 즉위 후 그의 조모를 신성왕태

후神成王太后로 추봉하였다. 그러므로 현종 이후 고려의 왕들은 모두 신라 왕실의 외손인 현종의 후예들이 된다는 것이 『삼국사기』의 논리였다.

그러나 의종 대 문인 김관의金寬毅는 그의 저술 『왕대종록王代宗錄』에서 신성왕후가 경주대위慶州大尉 이정언李正言의 딸이라고 하였다. 이 문제는 고려 왕실의 출계에 대한 문제라 신료들로서는 매우 심중하게 다룰 일이었지만, 논란은 고려 당대에도 쉽게 정돈되지 않았다. 편수 책임자 김부식이 죽은 다음의 사태이긴 하나, 이는 『삼국사기』의 정보 가치에 대한 중대한 문제제기였다. 고려 당대의 사정이 이러할진대, 향후 『삼국사기』에 대한 시선이 어떠하였을지는 쉽게 짐작할 수 있을 것이다.

조선시대 지식인들 역시 『삼국사기』에 대해 삼국의 역사에 관한 원전의 위상을 인정하면서도 여러 이유에서 우호적이지 않았다. 우선 『삼국사기』의 번다한 기전체 서술 방식이 비판의 과녁이 되었다. 또 그들은 『삼국사기』의 사실 정보보다는 편찬자의 사론에 더욱 가혹한 질타를 서슴지 않았다. 다만 그것은 고려와 조선의 왕조 환경 차이에서 비롯된 것들이 대부분이라는 점에서 본질을 잠시 비켜난 것이기도 하다. 예를 들어 유교적 예의범주를 일탈하였다거나 모화의식이 크게 부족하다거나, 혹은 비현실적 내용을 절제 없이 수록하였다거나 하는 비난이 김부식과 『삼국사기』에 쏟아졌다. 실제 김부식의 의도가 스며든 사론의 인식은 이처럼 고려라는 시대 환경을 떠난 순간 거의 모든 범위에서 현실성과 설득력을 상실하고 말았던 것이다.

2. 남겨진 것과 잃어버린 것

『삼국사기』는 지금까지 남겨진 삼국 관련 역사책 가운데 가장 오래된 책이다. 『삼국사기』 이후에 출현한 삼국 관련 역사책들 가운데서 내용적으로 『삼국사기』를 의미 있게 벗어난 것은 그다지 많지 않다. 『삼국사기』의 빈약함은 이미 『삼국사기』만의 문제가 아니었던 것이다.

사실 어떤 역사책이든 과거를 모두 담아낼 수는 없다. 모든 저술은 그것이 편찬되던 시대의 역량과 한계를 함께 반영한다고 보아야 한다. 우선 12세기 중엽 고려 사회와

1392년에 건국된 조선의 지적 수준과 가치 기준이 같을 수는 없다. 예컨대 역사를 편년체로 정리한 조선의 『삼국사절요』(1476)나 『동국통감』(1485)은 『삼국사기』보다 3백 년을 훨씬 지난 뒤의 작품이다. 더구나 같은 시기의 지식 관료들 사이에서도 과거에 대한 인식이 어긋나는 경우는 허다한 것이다.

백제가 멸망하던 즈음의 장군 계백階伯에 대한 권근의 평가는 그 좋은 예증이 된다. 널리 알려진 바와 같이 계백은 5천 명의 결사대를 이끌고 신라 김유신의 5만 군사에 맞서 싸우다가 전사하였다. 그러므로 그의 전기는 『삼국사기』 열전 가운데 애국충군의 인물 군으로 분류되어 실려 있다. 그러나 『삼국사절요』에 담긴 권근의 논의는 『삼국사기』 편찬자의 의도와는 거리가 멀다. 우선 『삼국사기』의 서술을 먼저 본다.

계백은 장군이 되어 결사대 5천 명을 뽑아 이를 막게 되었다. 그가 말하였다.

"한 나라의 백성으로 당과 신라의 대군을 맞이하였으니, 이

나라의 존망을 알 수 없도다. 내 처자식이 적들에게 잡혀 노비가 될까 두려운바, 살아서 욕을 당하느니 차라리 장쾌하게 죽는 편이 나으리라."

마침내 처자식을 다 죽였다. 계백이 황산黃山의 들에 이르러 세 곳에 진영을 치다가 신라 군사를 맞닥뜨려 싸우게 되었을 때 군사들에게 맹세해 말하였다.

"옛날 월越 왕 구천句踐은 5천 명의 군사로 오吳의 70만 병력을 쳐부수었다. 오늘 우리는 마땅히 각각 힘껏 용기를 다해 승리를 쟁취하여 나라의 은혜에 보답하리라."

마침내 치열하게 싸워 한 사람이 천 명을 당해 내지 못하는 이가 없을 정도이니, 신라군이 그만 퇴각하였다. 이와 같이 맞붙어 싸우고 물러나기를 네 번이나 하더니, 힘이 다해 죽었다. (『삼국사기』 열전 7 계백전)

이에 대해 권근은, 출정에 앞서 처자를 죽인 계백은 무도하고 광패한 이로서 이미 패배를 자초하였다고 지적한다. 같은 논리로 자신의 아들 관창官昌으로 하여금 두 차례나 단기로 적진에 들어가 끝내 계백의 손에 죽도록 한 신라의 장군 품일品目도 잔인하여 후세의 권계로 삼을 수 없다 한다. 사실 계백과 관창의 비장한 죽음을 음미하다 보면, 그 주역과 조역을 분간하기가 쉽지 않다. 여하튼 권근의 말대로면, 충절과 보국의 표상들이 문득 개인의 협착한 심성의 문제로 전락하고 만다.

이에 대해 『동국통감』 찬자들은 권근의 계백에 대한 논단에 동의할 수 없다고 반론하였다. 백제 말기의 형세상 이미 패망을 피할 수 없었던 터에, 계백에 대해 마땅히 그의 지조와 절의를 논할 뿐 성패나 날카로움과 무딤을 따질 바가 아니라 하였다. 이어 "백제가 망할 즈음 한 명의 충신이나 의사도 나라를 위해 목숨을 바치는 이가 없었는데 유독 계백이 절의를 지켜 두 마음을 갖지 않았으니 이야말로 '나라가 망하면 함께 죽는다'라는 것의 전형"이라고 하였다. 이 논찬을 작성한 최부崔溥는 1488년에 표류하여 중국에 상륙한 뒤 현지 관원에게 조선의 역대 사정을 간추려 말하는 가운데서도, 고구려와 백제의 인물로 오직 을지문덕과 계백을 꼽았다.

계백의 행위를 둘러싼 명분론은 그 나름대로 음미할 까

닭이 풍부하긴 하다. 거칠게 말한다면 이 문제는 고구려의 연개소문은 과연 역적인가 영웅인가, 혹은 신라의 김유신은 애국적 명장인가 일신의 영달을 추구한 정상배에 불과한가와 같은 양가적 질문과 그다지 다르지 않을 수도 있다. 이러한 질문에 대한 대답이란 『삼국사기』가 편찬된 12세기 중엽 고려의 지식인들 사이에서도 같을 수 없다. 하물며 왕조가 바뀌고 시대가 달라지면서 생기는 평가와 인식의 차이는 놀랄 일이 아니다. 모든 해석과 평가는 그 주체들이 처한 현실과 시대에 구속된다고 보면 될 일이다.

그렇다면 성리학적 명분론에 대한 비판 의식과 함께 어느 정도 중화주의적 세계관을 극복하게 된 실학자들이 『삼국사기』에 만족할 수 없었던 것은 너무나 당연한 일이다. 『삼국사기』에는 민족사에 대한 자존의식이 부족하였고, 단군의 역사도 발해의 역사도 담겨 있지 않았다. 물론 중국의 왕조들이 바로 직전 왕조의 역사를 기전체로 정리하여 편찬하는 전통을 지켜 온 것처럼, 『삼국사기』 역시 고려가 그들의 전대 역사로 간주한 삼국을 대상으로 단대사를 정리한 것이었으므로 반드시 단군과 고조선의 역사까지를 포섭해야 할 일은 아니었다고 말할 수 있을지도 모른다. 그러나 적어도 발해의 문제는 또 다르다. 정조正祖 대의 실학자 유득공柳得恭은 그의 저술 『발해고渤海考』(1784)에서 이렇게 말한다.

고려가 발해사를 편찬하지 못한 것을 보면 고려가 떨치지 못하였음을 알 수 있다. 옛날에 고씨가 북쪽 지방에 거하면서 고구려라 하였고, 부여씨가 서남지방에 거하면서 백제라 하였으며, 박씨·석씨·김씨가 동남지방에 거하면서 신라라 한 바 이것이 삼국이다. 이 삼국에는 마땅히 삼국에 대한 사서가 있어야 할 텐데, 고려가 이것을 편찬하였으니, 옳은 일이다. 부여씨가 망하고 고씨가 망한 다음 김씨가 남방을 차지하고 대씨가 북방을 차지하고는 발해라 하였으니, 이것을 남북국이라 하는바, 마땅히 남북국사가 있어야 하거늘, 고려가 이를 편찬하지 않은 것은 잘못이다.

저 대씨는 어떤 사람인가. 바로 고구려 사람이다. 그들이 차지하고 있던 땅은 어떤 땅인가. 바로 고구려 땅인데, 동쪽을 개척하고 다시 서쪽을 개척하고 다시 북쪽을 개척해서 나라를 넓혔을 뿐이다. 김씨와 대씨가 망한 다음 왕씨가 통합하여 차지하고는 고려라 하였는데, 김씨의 남쪽 땅은 온전히 차지하였으나 대씨의 북쪽 땅은 온전히 차지하지 못하여, 혹은 여진에 빼앗기기도 하였고 혹은 거란에 빼앗기기도 하였다.

이런 시대를 당하여 고려를 위해서 계책을 세우는 자는 마땅히 먼저 발해사를 편찬한 다음 이것을 가지고 여진을 꾸짖기를 "어찌하여 우리 발해의 땅을 돌려주지 않는가, 발해 땅은 바로 고구려 땅이다" 하고 장군 한 사람을 보내 수복했으면 토문강土門江 이북지방을 차지할 수 있었을 것이다. 다시 발해사를 가지고 거란을 꾸짖기를 "어찌하여 우리 발해 땅을 돌려주지 않는가, 발해 땅은 바로 고구려 땅이다" 하고 장군 한 사람을 보내 수복했으면 압록강 이서 지방을 차지할 수 있었을 것이다. 그런데도 마침내 발해사를 편찬하지 아니하여 토문강 이북과 압록강 이서가 누구의 땅인지 알 수 없게 되어, 여진을 꾸짖으려 해도 할 말이 없고 거란을 꾸짖으려 해도 할 말이 없었다. 고려가 마침내 약소국이 된 것은 발해의 땅을 되찾지 못하였기 때문이니, 어찌 탄식하지 않을 수 있겠는가.

유득공은 고려가 삼국의 역사를 편찬한 것은 '잘한 일'이
지만, 발해사를 포함한 남북국사를 편찬하지 않은 것은 '잘
못'이라고 지적하였다. 유득공의 통찰은 발해의 왕실과 영
토가 고구려인과 고구려의 영토라는 데서 비롯한다. 그렇
다면 신라의 이른바 '삼국통일'이란 부정될 수밖에 없다. 그
와 같은 각성은 지리학자 김정호金正浩와 신채호로 이어졌으
며, 오늘날 대부분의 사람들은 신라와 발해가 병존하던 시
대를 '남북국시대'로 이해하고 그렇게 부른다.

몇 가지 사례를 통해, 지적 사조가 서로 다른 조선 전기
와 조선 후기의 지식인들은 각각의 맥락에서 『삼국사기』의
흠결에 주목했던 것을 알 수 있다. 어쩌면 『삼국사기』는 다
른 대안이 없기 때문에 버리지 못하는 부실한 자료에 불과
하였다. 『삼국사기』는 제대로 '모화적'이지도, 반대로 '자주
적'이지도 못한 채 식민지시대 연구자들 손에 넘겨졌다.

근대 역사학은 국권을 강탈한 일제의 연구자들과 역사
연구를 민족 해방의 방편으로 삼은 우리 연구자들의 투쟁

의 양상을 띠고 전개되었다. 그러나 『삼국사기』에 대한 평가 절하는 투쟁의 대상이나 투쟁 당사자들 사이에 큰 차이가 없었다. 물론 비판의 맥락은 전혀 달랐다. 『일본서기』의 토양에 선 이들에게 『삼국사기』는 우선 그 내용의 사실성을 수긍할 수 없는 책이었다. 이와는 달리 민족사관이나 유물사관에 서서 자국사를 재구성하고 이를 통해 외세에게 유린된 민족 현실을 타개하려는 이들에게 『삼국사기』가 준 가장 큰 실망감은 사대성의 문제였다. 또한 연구자들은 『삼국사기』의 중세적 세련보다는 그것이 손상하거나 변형시켰을 진술한 고대적 체질을 아쉬워하게 되었다.

예컨대 시대를 치열하게 고민하였던 신채호는 『조선사연구초』에서 "선유先儒들이 말하되 3국의 문헌이 모두 병화에 없어져 김부식이 참고하여 증거로 삼을 만한 사료가 없어 부족하므로 그가 편찬한 『삼국사기』가 그렇게 거칠고 영성하다 하나, 기실은 김부식의 사대주의가 사료를 태워 없앤 것"이라고 비난하였다. 오늘날 사람들이 종종 『삼국사기』에 대한 부정적 혐의의 근거를 김부식에 두게 된 유력한 발단은 아마 신채호에게서 비롯했다고 생각한다. 그는 더 나아가 김부식에게 '이상적 조선사'란 "조선의 강토를 바싹 줄여 대동강 혹 한강으로 국경을 정하고, 조선의 제도·문물·풍속·습관 등을 모두 유교화하여 삼강오륜의 교육이나 받고, 그런 뒤에 정치란 것은 오직 외국에 사신 다닐 만한 비열한 외교의 사령辭令이나 감당할 사람을 양성하여 동방군자국의 칭호나 유지하려 함"이었다는 것이다.

이러한 극단적 폄하는 물론, 유린된 민족 주권의 회복을 시대 과제로 삼았던 시기에 뜨거운 실천적 지식인이 지닐 만한, 외세에 대한 극렬한 적개심을 고려하여 음미할 일일 것이다. 같은 시기 최남선 역시 『삼국사기』는 사실에 충실하기보다는 문장을 꾸미는 데 치중하였고, 본래의 모습에 따른 것이 아니라 주관에 따라 개작을 서슴지 않았다고 보았다. 심지어 그는 『삼국사기』를 『삼국유사』와 비교하여 이렇게 말한 바 있다.

만일 본사[삼국사기]와 유사[삼국유사]의 둘 가운데 어느 하나밖에 지니지 못할 경우가 있다고 한다면, 대부분이 중국의 문적을 인용해 넣은 것이요 그 약간의 고유 전승이란 것도 명실 모두가 대개 중국화한 『삼국사기』를 내려놓고, 조각으로 나뉘고 어수선하게 섞이고 볼품없이 조잡하고 어이없이 허망할망정 한 점이라도 본래의 맛을 전하는 『삼국유사』를 잡는 것이 진실로 마땅하다 할 것이다"라고 하였던 것이다.

(「삼국유사 해제」 『신정 삼국유사』)

　최남선의 호소력 있는 비유는 독자로서 동의할 만한 연유가 적지 않다. 하물며 민족의 시대정신에 투철하게 복무한 신채호의 사유 또한 수긍하지 못할 까닭은 없다. 그러나 그들로부터 거의 100여 년 뒤의 우리는 우리 나름의 사회적·지적 환경과 역량을 딛고 이 문제를 성찰할 필요가 있다. 즉 후대의 우리는 식민지 시대 지식인들의 시선과 정서를 음미할 때 그 시대의 질곡과 한계를 포섭하여 헤아린다. 마찬가지로 그와 같은 배려는 마땅히 김부식의 현실 대안의 적실성을 판단하는 데에도 적용되어야 공정할 것이다. 이러한 제안은 과거, 그리고 과거를 구성하는 사건과 인물에 대한 수용의 맥락에서 자칫 사대와 자주 혹은 개혁과 보수 등의 경직된 단순 대립 항의 설정에 함몰되어서는 안 되겠다는 경계를 염두에 두고 있다.

3. 『삼국사기』를 위한 변명

해방은 분단과 함께 왔다. 남북의 연구자들은 먼저 지난 시기 식민사학의 독소를 제거하는 데 주력하였다. 각기 민족사관과 계급사관을 표방한 남북의 학계도 『삼국사기』에 대한 폄하에서는 여전히 상당한 일치를 보였다. 이처럼 『삼국사기』는 전근대와 근대, 식민주의 제국과 피압박 식민지, 게다가 동서 이념 대립의 맥락조차 뛰어넘어 한결같이 불평과 비난을 받아 온 셈이다.

다만 오늘날 학계의 연구 역량이 증대되고 고고학 성과가 축적되면서 『삼국사기』 정보의 사실성에 대한 의혹은 일부나마 정돈되는 추세에 있다. 그리고 여러 부면의 심층적인 검토 결과들은 기왕의 평면적 이해의 한계를 폭넓게 극복해 가고 있다. 따라서 논의는 끝나지 않았지만, 다양한 형태로 사료의 정확성과 사서의 신빙성이 함께 제고되는 방향을 감지한다.

그러나 관련 논의들은 대체로 개별 사료 하나하나의 분산적인 검증 방식을 벗어나지 않는다. 다시 말해 대부분의 논의들은, 특정의 정보가 오직 특정의 논리 속에서 과연 어떻게 유효한 역할을 하는가를 산발적으로 발굴하는 데 힘쓴다. 그러다보니 검증 작업들이 종종 『삼국사기』 전체를 일관하는 논리와 동떨어진 채 전개되기도 한다. 물론 역사에서 개별 사료의 검증 작업은 필수불가결한 요건이라는 데 동의한다. 그러나 또한 바로 그 이유에서 그것은 해석자의 고유한 관점에 따라 재단될 수 있는 영역이 아니다. 그러므로 해석자의 사관이나 특정 논리에 종속시키는 사료 검증 방법은 정당하지 못하다. 독자들이 강요하는 자기 논리의 완성을 위한 분절적 검증은 경우에 따라서는 검증의 외피를 쓴 심각한 훼절일 수 있다. 이를 제대로 극복하지 못하는 한 제도권 안팎을 막론하고 동시대 역사 연구자들 사이에 자기중심적 『삼국사기』 인식은 계속 범람할 것이다.

이 점에서 끝내 유의할 것은 『삼국사기』의 자체 논리이며, 그에 내재된 자체 인식이라고 본다. 그와 함께 현재적 관점의 정당한 강조가 현재적 이해에 따른 과거사의 변질을 의미하지는 않는다는 데 주의할 필요가 있다. 때때로 경험적 지식만으로 세계를 설명하는 데 명백한 한계가 있는 것처럼, 현 단계 학계의 역량이 『삼국사기』의 세계를 정합적으로 복원하는 데 충분치 못할 수도 있다는 점을 수긍해야 한다. 따라서 과학적 개별 검증과 함께, 혹은 그에 선행하여, 『삼국사기』 내부에 틈입되어 있는 중층적 요소들을 지속적으로 분별하고 성찰해야 한다.

이를 위해 『삼국사기』가 편찬된 12세기가 가지는 번영과 위기의 양면성과 그에 대한 주요 대안의 상충이 우선 살펴져야 한다. 다음에 『삼국사기』 편찬 주체가 대유한 정치가로서의 속성과 역사가로서의 지향이 분별되어야 비로소 『삼국사기』의 두 영역, 즉 사실과 사론의 준별이 가능해질 것이다. 서술 재료가 된 국내외 자료들 속에 잠복해 있는 수많은 층위 또한 세심하게 가려내야 할 바이며, 한국사에서 차지하는 『삼국사기』의 지성사적·사학사적 위상 역시 모호하게 뭉뚱그릴 사안이 아니라고 본다.

12세기 현실 속에서 모색되고 갈등한 주요 대안의 두 축은 언제든지 새로운 생명력으로 다시 점검될 수 있다. 판단의 기준은 변화하는 현실 자체에 있기 때문이다. 현상에 대한 적확한 분석과 반성이야말로 대안의 적실성을 가름할 것이며, 그 적실성은 실천 가능성 여하로 검증될 것이다. 선언적 명분에 불과한 자주와 실천력이 실종된 개혁은 시대 구성원을 호도하는 선동이 아닐 수 없다. 현실에 얼마나 굳건히 착근하고 있느냐가 이상의 고도를 결정한다고 믿는다.

여러 다짐에도 불구하고 여전히 남는 우려가 있다. 첫째는 흔히 『삼국사기』의 사서로서의 위상과 김부식의 정치가로서의 위상을 혼용하는 무신경에 대한 염려이다. 실제로 김부식과 『삼국사기』는 다양한 논의에서 마치 서로의 대명사와도 같은 위상을 지닌다. 이러한 현상에는 일면의 설득력이 없지 않다. 이것은 마치 작가와 그의 작품 간의 의미 관계와도 유사한 것이다. 그러나 김부식은 약관에 출사한 후 거의 전 생애를 국내외 정치 현장에서 보낸 현장 정치가였다. 반면에 『삼국사기』는 편찬 당대까지의 삼국 관련 기록물을 토대로 한 단계 질적인 고양을 겨냥한 기전체 정사였다. 여기에 정치가와 역사가의 두 측면을 유기적으로 고려해야 할 까닭이 있다. 즉 고려 왕조의 현실 정치가 김부식과 『삼국사기』를 편수한 역사가 김부식은 때로는 준별될 필요가 있다.

이에 동의할 때, 김부식과 『삼국사기』의 관계는 제한될 수밖에 없다. 너무나 당연한 지적이지만, 김부식의 삶이 『삼국사기』 편찬에 한정될 수 없듯이, 『삼국사기』 또한 김부식 개인의 역량이나 관점만으로 설명할 수는 없기 때문이다. 그러나 물론 김부식의 정치 경험과 현실 인식이 어떠했는가 하는 문제는 『삼국사기』에 대한 균형 있는 이해를 위해 여전히 긴요하다. 즉 『삼국사기』가 종합하고자 한 영역은 과거 삼국 시대이지만, 『삼국사기』는 또한 편찬 당대 사회의 산물임을 부정할 수 없는 것이다. 그러므로 『삼국사기』는 12세기 전반 고려의 현실을 딛고 선 당대 지식인 집단에 의해 조망된 삼국의 역사라고 하겠다.

둘째는 삼국을 비롯한 우리 고대사의 일차 자료로서의 『삼국사기』를 향해 들이대는 평가 기준의 경직성에 대한 염려이다. 독자들의 질문은 언제나 예리하고 공세적인 반면, 『삼국사기』는 너무나 빈약한 정보와 지루한 규범을 반복할 뿐이다. 만약 우리가 『삼국사기』와 그 편찬자들 역시

오늘의 우리와 다름없이 그 시대로부터 자유로울 수 없었
다는 평범한 사실만 인정한다면,『삼국사기』를 향해 완벽
한 고대사의 복원을 요구하는 가혹함도 어렵지 않게 버릴
수 있을 것이다.

사실『삼국사기』의 정보가 완벽하리라고 기대하는 독자
는 그다지 없는 줄로 안다. 동시에 바로 그 점이야말로 역
사 연구자들이 개별 사료에 대해 가능한 한 합리적인 재해
석의 대상으로 삼아 활용하도록 노력해야 할 이유일 것이
다. 현 단계 학계의 연구 수준에서 단정해 버린 결론들은
향후 얼마든지 달라질 수 있겠지만,『삼국사기』자체의 정
보는 변하지 않을 것이다. 그러므로 역사학이 과거 사실을
매개로 한 현재적 의미 부여를 포기해서는 안 되겠으나, 그
것은 사서가 겨냥한 본래적 사실의 검증에서 비롯되어야
한다고 믿는다. 공세적으로 말하거니와 사실은 사관에 우
선한다.

그와 함께 직시할 바는, 고대의 마당에 대한 짐작을 매개
하는 통로로서『삼국사기』를 전적으로 우회할 수 있는 대
안은 사실상 없다는 사실이다. 마땅한 대안이 없다는 점에

서 『삼국사기』는 감당하기 어려운 부당한 권위와 기대를 강요받고 있기도 하다. 더구나 『삼국사기』에는 비록 12세기의 현실에 충실한 설명일지라도 고대의 경험이 설명의 재료가 되고 있다는 점을 각성할 필요가 있을 것이다. 거짓은 진실을 은폐하지만, 역설적이게도 그것은 본래의 진실을 딛고 자리한다. 그러므로 왜곡과 은폐조차도 본연의 실제를 저층에 두고 있다고 본다.

수많은 착종과 당착의 실마리들을 단서 삼아 고대의 경험을 감지하는 것은 독자들의 마땅한 몫이다. 그들의 궁극적 지향점은 경험 당대의 진실이되, 그에 이르기 위해서는 설명 당대의 진실을 경유해야만 한다. 『삼국사기』의 역사 인식과 그를 규정한 현실 인식은, 그러므로 고대를 둘러싸고 있는 차폐물인 동시에 이른바 하나의 '관견'이다. 독자들은 비좁은 대롱에 눈을 대고 저 혼돈의 고대를 들여다보는 것이다. 거대한 고대의 경험은 스스로 모습을 드러내지 않는다. 규정할 수 없는 고대의 집합체 앞에서 『삼국사기』는 하나의 시선이며 시각이다. 시선은 고대를 대상으로 하며, 시각은 중세를 기반으로 한다.

[세창명저산책]